当代世界学术名著·经济学系列

INNOVATION AND ITS DISCONTENTS

创新及其不满：
专利体系对创新与进步的危害及对策

亚当·杰夫(Adam B.Jaffe)
乔希·勒纳(Josh Lerner)/著
罗建平 兰花/译
兰花/校

中国人民大学出版社

“当代世界学术名著”
出版说明

中华民族历来有海纳百川的宽阔胸怀，她在创造灿烂文明的同时，不断吸纳整个人类文明的精华，滋养、壮大和发展自己。当前，全球化使得人类文明之间的相互交流和影响进一步加强，互动效应更为明显。以世界眼光和开放的视野，引介世界各国的优秀哲学社会科学的前沿成果，服务于我国的社会主义现代化建设，服务于我国的科教兴国战略，是新中国出版的优良传统，也是中国当代出版工作者的重要使命。

我社历来注重对国外哲学社会科学成果的译介工作，所出版的“经济科学译丛”、“工商管理经典译丛”等系列译丛受到社会广泛欢迎。这些译丛多侧重于西方经典性教材，本套丛书则旨在迻译国外当代学术名著。所谓“当代”，我们一般指近几十年发表的著作；所谓“名著”，是指这些著作在该领域产生巨大影响并被各类文献反复引用，成为研究者的必读著作。这套丛书拟按学科划分为若干个子系列，经过不断的筛选和积累，将成为当代的“汉译世界学术名著丛书”，成为读书人的精神殿堂。

由于所选著作距今时日较短，未经历史的充分洗练，加之判断标准的见仁见智，以及我们选择眼光的局限，这项工作肯定难以尽如人意。我们期待着海内外学界积极参与，并对我们的工作提出宝贵的意见和建议。我们深信，经过学界同仁和出版者的共同努力，这套丛书必将日臻完善。

中国人民大学出版社
2002 年 6 月

策划人语

经济学到了20世纪才真正进入一个群星璀璨的时代。在20世纪，经济学第一次有了一个相对完整的体系。这个体系包容了微观经济学和宏观经济学这两个主要的领域。经济学家们在这两个主要的领域不断地深耕密植。使得经济学的分析方法日益精细完美。经济学家们还在微观和宏观这两个主干之上发展出了许多经济学的分支，比如国际经济学、公共财政、劳动经济学等等。体系的确立奠定了经济学的范式，细致的分工带来了专业化的收益。这正是经济学能够以加速度迅猛发展的原因。

走进经济学的神殿，人们不禁生出高山仰

止的感慨。年轻的学子顿时会感到英雄气短，
在这个美轮美奂的殿堂里做一名工匠，付出自己一生的辛勤努力，哪怕只是为了完成窗棂上的雕花都是值得的。

然而，21世纪悄然降临。经济学工匠向窗外望去，发现在更高的山冈上，已经矗立起一座更加富丽堂皇的神殿的脚手架。我们的选择在于：是继续在20世纪的经济学殿堂里雕梁画栋，还是到21世纪经济学的工地上添砖加瓦。

斯蒂格利茨教授，这位21世纪的首位诺贝尔经济学奖得主曾经发表过一篇文章，题为《经济学的又一个世纪》。在这篇文章中他谈到，20世纪的经济学患了“精神分裂症”，即微观经济学和宏观经济学的脱节，这种脱节既表现为研究方法上的难以沟通，又反映出二者在意识形态上的分歧和对立。21世纪将是经济学分久必合的时代。一方面，宏观经济学正在寻找微观基础；另一方面，微观经济学也正在试图从微观个体的行为推演出总量上的含义。这背后的意识形态的风气转变也值得我们注意。斯蒂格利茨教授曾经讲到，以下两种主张都无法正确估计市场经济的长期活力：一种是凯恩斯式的认为资本主义正在没落的悲观思想；另一种是里根经济学的社会达尔文主义，表达了对资本主义的盲目乐观。我们已经接近一种处于两者之间的哲学，它将为我们的时代指引方向。

21世纪的经济学将从纸上谈兵转变为研究真实世界中的现象。炉火纯青的分析方法和对现实世界的敏锐感觉将成为经济学研究的核心所在。

“当代世界学术名著·经济学系列”所翻译的主要是处在20世纪和21世纪之交的经济学著作。这些著作在学术的演进过程中起到的更多是传承的作用。它们是20世纪经济学的集大成者，也是21世纪经济学的开路先锋。这些著作的作者大多有一个共同的特征。他们不仅是当代最优秀的经济学家，而且是最好的导师。他们善于传授知识，善于开拓新的前沿，更善于指引遥远的旷野中的方向。如果不惮“以偏概全”的指责，我们可以大致举

出21世纪经济学的若干演进方向：博弈论将几乎全面地改写经济学；宏观经济学将日益动态化；政治经济分析尝试用经济学的逻辑对复杂的政策决策过程有一个清晰的把握；经济学的各个分支将“枝枝相覆盖，叶叶相交通”；平等、道德等伦理学的讨论也将重新进入经济学。

介绍这些著作并不仅仅是为了追踪国外经济学的前沿。追赶者易于蜕变成追随者，盲目的追随易于失去自己的方向。经济学是济世之学，它必将回归于现实。重大现实问题的研究更有可能做出突破性的创新，坚持终极关怀的学者更有可能成长为一代宗师。中国正在全方位地融入世界经济，中国的国内经济发展也到了关键的阶段。我们推出这套丛书，并不是出于赶超的豪言或是追星的时髦。我们的立足点是，在世纪之交，经济学的发展也正处于一个关键的阶段，这个阶段的思想最为活跃，最为开放。这恰恰契合了中国的当前境况。我们借鉴的不仅仅是别人已经成型的理论，我们想要从中体会的正是这种思想的活跃和开放。

这套丛书的出版是一项长期的工作，中国社会科学院、中国人民大学、北京大学、南京大学、南开大学、复旦大学、中山大学以及留学海外的许多专家、学者参与了这套译丛的推荐、翻译工作，这套译丛的选题是开放式的，我们真诚地欢迎经济学界的专家、学者在关注这套丛书的同时，能给予它更多的支持，把优秀的经济学学术著作推荐给我们。

前言

本书是根据我们在过去20年中的研究所得形成的。有时，我们使用专利系统来理解其他事情（例如知识如何在公司之间流动）；有时，我们研究专利系统对技术创新产生的影响。我们逐渐认识到，有一个重要的故事尚未得到充分研究：专利系统在过去20年中发生了怎样的变化，这些变化对创新和发展正在产生什么样的影响。《创新及其不满》讲述的就是这个故事。

我们需要问我们自己的一个很自然的问题是，为什么是两名经济学家而不是专利律师要撰写这样一本书？如果这是有关专利法的深奥论文，那么无疑我们并不是适当的作者，然而，这是一本非常不同的书。我们关注的焦点是专利法提供的激励措施如何影响各种行为：公司寻求专利保护的行为、律师和法官审理专利案件的行为和专利官员的行为。这些分析是现代经济研究的核心。此外，通过集中研究如何改变所涉及人员的激励措施以鼓励更可取的行为，我们不仅能够理解专利系统出现的问题，而且能够识别出需要如何改变该系统以使其支持和促进技术创新。

公共政策的经济学分析最终是有关人类需求和期望的满意度的分析——更长久、更康健的生活；舒适的娱乐和教育，更健康的自然环境等等。我们的社会/经济系统满足这些需求和需要的能力受到许许多多因素的影响，从税收政策到我们的教育系统。但是，半个世纪的经济和历史研究得出的一个压倒性的结论是，从长期来看，决定一个社会改善其满足这些需要和需求的能力的速度的一个最主要的因素是技术创新。专利系统在创新机器中是一个至关重要的齿轮。我们撰写本书是希望激发人们对如何维修这个零件进行精辟的讨论，以使这台创新机器成为我们未来繁荣的推进器。

在撰写本书时，我们得到了许多人的帮助。Adrienne Camire、Keeley Lebwohl 和 Chenling Zhang 帮助我们研究本书展示的故事和统计数据。Marianne D'Amico 在许多方面对我们提供帮助。多名同事慷慨地与我们共享数据或观点，特别是 Dominique Guellec、Bronwyn Hall、Brian Kahin、Mark Lemley、Doug Lichtman 和 Kimberly Moore。Robert Benson、Jonathan Jaffe、Sonia Jaffe、Michael Jorgensen、Pam Jorgensen、Ralph Lerner 和 Helen Winslow 对文稿提供了反馈。许多执业律师，特别是 Proskauer Rose 的 Steve Bauer、Clark&Elbing 的 Paul Clark 和 Bromberg&Sunstein 的 Sam Petuchowshi，从他们非常紧张的日程安排中抽出时间与我们讨论了各种观点，并且对我们的手稿进行了评论。所有这些人对本书展示的任何观点都不负有责任；讨论加深了对这些问题的理解，但并不必然产生一致意见。哈佛商学院的研究部门提供了财政支持。

Barbara Rifkin 在帮助我们将一个项目概念转变成这类我们从未撰写过的著作的过程中发挥了至关重要的作用。我们的编辑 Peter Dougherty 在帮助我们将一系列的观点、故事和统计数据转变成完工的手稿过程中也发挥着关键作用。最后，我们的导师和先生 Zvi Griliches 的精神贯穿本书。虽然 Zvi 过早的辞世使我们失去了他无疑会提供的鲜明敏锐的评论，但我们希望他一贯推崇的严格的分析是政策描述的脊梁这一理念在本书中反映出来。

目 录

引言 人们制定了专利系统，但它现在已失去了作用

在 19 世纪和 20 世纪的发展进程中，美国从一个穷乡僻壤般的殖民地发展成世界领先的经济和技术强国。这种演变的基础是系统化地开发和利用技术解决经济问题：最初是在农业、交通、通信和产品制造方面，继而在健康护理、信息技术方面，最终发展到现代生活的每一个方面。 *1*

从美利坚合众国建国开始，专利系统就在这种演变过程中发挥着关键的作用。它提供经济奖励来刺激发明，创造出一个在某种程度上受到保护的经济环境，在这样的经济环境中，创新者能够将他们的发明创新培育和转化成商业上可行的产品。1836 年，以宪法为基础的专

利系统大体上编纂发展成它的现代模式，该专利系统是美国法律框架必不可少的组成部分，正是在这样的法律框架中，涌现出从爱迪生的电灯泡和莱特兄弟的飞机到蜂窝电话和抗抑郁药百忧解（Prozac）这样的发明创造。

2 从 1982 年开始，美国国会对专利系统的运作方式进行了两次调整。当时，这些调整被认为只是行政和程序上的变化，而不是本质上的变化。1982 年，国会修改了联邦法院的专利案件司法上诉程序，以使这类案件的上诉自此全部由一个专门的上诉法院审理，而不是像先前那样，由 12 个地区上诉法院审理。20 世纪 90 年代初期，国会对美国专利商标局（PTO）自身的费用结构和资金供应进行改革，尝试将美国专利商标局转变成一个服务代理机构，其运营支出由它的客户（专利申请人）支付的费用提供。

现在，显而易见的是，这些看似普通的程序变革共同发挥作用，已经使美国专利政策和实践发生了自 1836 年以来最深刻的变革。新的上诉法庭对专利法进行了解释，这使专利申请人更容易获得专利权，专利权人更容易实施专利来对抗其他人，更容易从这样的专利实施中获得大量资金奖励，而且使那些被控侵犯专利的人更难于挑战专利的效力。与此同时，一般来说，专利局的新定位总是与法院的司法解释相结合，这使得专利更容易获得。但是，国会这两项政策的起因和动机非常复杂，很明显，没有人能够坐下来仔细思考并决定美国经济需要什么政策使专利转变成更强有力的法律武器，与此同时还确保专利更容易获得。

意想不到的结果是，关于专利的法律纠纷竟然惊人地增多。更令人担忧的是，行为人被控告侵犯专利权的风险以及为避免被控告而向专利持有人支付的专利使用费，正日益成为将新产品和新工艺推向市场的主要成本。因此，专利系统——原本期望能促进和保护创新——正在产生浪费和不确定性，它阻碍并威胁到技术创新过程。在后面的章节中，我们将看到许多有关这些问题的例子：

- **明显没有价值的发明获得的专利。例如用 5 年时间“发明”**

的“在秋千上摇摆的方法”（参看第1章）。

- 已经成为公司扰乱竞争对手的武器的专利。从Rambus公司费尽心机成立半导体工业标准制定组织到Smucker公司压制小规模的午餐餐饮经营者的举措（参看第1章和第2 3
章），这些都反映了这一点。
- 能使公司赢得巨额损害赔偿金，甚至能让竞争对手停业的专利。例如宝丽莱的“一分钟”快照专利（参看第4章）。
- 对专利申请来说不熟悉的领域（但这些领域却包含从业人员和学术人员都熟知的假设性发现）中的专利。例如先前众所周知的期权定价公式（参看第5章）。

我们将会看到，向一些创新人员提供奖励与潜在压制其他人的活动之间的紧张状态是专利系统本身所固有的。正如我们将在第3章中讨论的，先前已经存在着“危机”，在这些危机中，专利系统被认为有失去控制的危险。但是，当前情况的令人惊讶之处是系统的毛病和当前看似“无辜”的法律变化之间的明显联系。这些变化对那些被认为对当前经济发展至关重要的技术的影响尤为明显，这些技术包括电子、软件和生物技术。在国会开始胡乱地修补专利系统之后近20年的今天，我们迫切需要分析到底哪里出了错，并且确定如何纠正错误。

目前的情况并不乐观

专利是政府授予的权利，它防止其他人或公司制造、销售或使用你已经发明的产品或工艺。为了获得专利，你必须提出申请来解释你的发明，并且详细说明它与其他人先前已经做出的东西的不同之处。政府对申请进行审查，并且（如果事情进展顺利）只有在你的发明真正具有新颖性的时候，才授予专利。当拥有专利时，你就能够阻止其他人使用你的发明，或者你有权要求其他人向你付费，以获得使用专利的权利。如果其他人在没有得到你的允许的情况下使用专利，你就可以在联邦法院控告他们，请求法院阻止他们的行为，并且让他们为已经使用你的专利付费。被控告“侵犯”专利的当事方一般会声称他们的使用并不在你的专利范围内，而且你根本不应该被授予专利，因为你的创意并不是
4 新的（不具备新颖性）。除非你们自愿达成和解，否则将由陪审团决定该专利是否的确有效，以及是否已经被侵犯。正如你可能猜到的，在法庭上解决专利案件是一件成本昂贵的事情，通常涉及数百万美元的律师费和其他成本。（第 1 章将对专利过程进行更深入和精确的解释。）

前文描述了目前的专利系统，并且描述了 1982 年之前的专利系统。二者的不同之处在于各个参与方在专利申请过程的不同阶段取得成功的可能性。今天，申请人更有可能被授予专利；专利如果在法庭上被质疑，更有可能被认为有效；而且被控告侵犯专利的一方更有可能被裁决是侵权方，并且被迫支付大笔赔款。

是什么因素促成了这些转变呢？20 世纪 80 年代是人们对美国的“竞争力”极为关注的时代，而且普遍的趋势是缩小政府规模、提高政府效率、使其反应更迅速。精简法庭诉讼程序使有效的专利更容易实施。使 PTO 的运作更像一个企业，对发明者来说，专利申请过程变得更容易使用，而且也会节约纳税人的钱。因为 PTO 办事处是由专利申请费资助，而不是由政府的税收资助。

专利系统进行这些变革的初衷可能令人钦佩，但这些变革却产生了一些非常不受欢迎的结果。许多个人和公司已经为微小的甚至并不存在的发明申请并获得了专利。此外，许多专利获得者已经通过控告（或威胁控告）他们行业中真正的创新者来增强其专利的法律优势。结果是，有价值的技术在诉讼和许可证交易协商的罗网中已经变得纠缠不清。而且当新公司发现它们无法将自己的创意商业化时，经济增长被抑制。因此，如果创新性公司没有由于诉讼和对诉讼的恐惧而分散其对创新的注意力，那么消费者接触到新产品的机会将大得多——从挽救生命的药物到提高劳

动生产率的软件。

这些产生出如此惊人的破坏影响的行政和法律变革——似乎
在制定时是有益的——是如何通过的呢？大部分专利系统分析以 5
该系统的理想化概念为基础。根据这样的概念，国会制定了有关何种发明有资格申请专利和专利权如何被执行的法规。专利办公室和法院只是简单地应用和执行这些法律规则。从这个观点来看，我们很容易会认为简化专利授予过程，并且使发明者更容易在法院行使他们的受保护的权利能提高一个国家的整体创新性、创造力和经济增长。

但是，事实上，实际情况复杂得多。有关专利的法规在本质上是模糊的，因此，实际的专利实务（patent practice）依赖于专利办公室的决策。改变专利办公室的组织结构和获得资金的方式也就改变了它的激励因素；由于有不同的激励因素，所以专利办公室制定出不同的决策，这导致专利实务在国会没有采取任何行动改变法律的情况下产生了变革。同样，法院的判决已经对国会制定的法律如何解释产生了巨大的影响，而法院的组成影响了它做出的判决。此外，专利诉讼的影响远远超过法院实际上审理的案件本身。对诉讼的恐惧和专利持有人提出的威胁促使一些公司急剧改变它们的行为，即使这些公司从未出现在法庭上。使用多种专利所支付的累积费用使得产品开发过程更加昂贵，减慢了公司向市场推广新产品的速度。而且，由于使用尚未得到验证的新产品有可能需要支付专利权使用费或面临诉讼，一些公司会干脆完全撤销项目。

因此，在改变行政结构和程序的过程中，国会从根本上改变了大量决策的性质，这些决策是关于确定哪些应该被授予专利以及在法庭上哪些专利应该强制执行。这一情况反过来改变了参与到专利申请和诉讼过程中的发明者和公司的行为。由于可以对非原创的创意申请专利，许多更可疑的申请正得到登记受理。而且，随着专利持有人控告竞争对手更可能取得成功，现在他们提
出或威胁提出的此类控告更多。日益普遍的情况是，拥有最好的 6
律师或最大的实力能够承担诉讼风险的公司能够赢得创新之

战——而不是那些拥有最聪明的科学家或最原创的、最有价值的创意的公司。

虽然有关特定专利的争执已经吸引了商业媒体的注意，但专利政策的根本性变化和它们的系统性影响很少引起人们的关注。本书指出了这一疏忽，系统地审视了自 1982 年以来专利申请过程的变化和对企业、创新和社会的意义。凭借过去 20 年的经验，我们指出了为恢复创新和进步的健康环境所需进行的改革。

我们的方法是分析国会所做出的变革如何影响着专利申请和实施过程所有参与者的动机，这些参与者包括专利申请者、审查申请的专利局职员，以及参与诉讼的潜在各方。我们会介绍当前的专利系统如何鼓励申请人提交无意义的专利申请，如何鼓励专利局授予这些专利。当前的专利系统同样鼓励专利持有人提起诉讼，迫使那些被指控专利侵权的人做出让步，并且在恐吓下向专利持有人付款，甚至在所诉专利的真实性值得怀疑的时候也是如此。当前的专利系统并没有很好地激励人们提出和适当分析必要的信息来解决有关专利有效性的问题。因此，事实上，专利申请和实施过程的所有参与者虽然表现得完全了解他们面对的激励，但正如我们已经说明的，他们最终都是以病态的方式行为。

总的来说，其他国家并没有像美国那样对本国的专利系统做出同样的变革。欧洲和日本的专利依旧比美国的专利更难获得，专利诉讼也更少。但是，美国出现的问题所产生的影响可能远远超出美国的国界。首先，世界上最大的经济体的专利系统出现功能失调会影响全世界的创新。其次，我们对专利系统与所涉及的人员和公司的激励动机如何相互作用做出的基本分析有利于完善世界各国的专利系统，因为全世界目前都同样地感受到加强专利
7 保护和降低审查成本的压力。

为什么授予专利?

政府很久以前就已经认识到新技术产生的广泛社会价值，并

因此试图对重要技术的发明者提供奖励。有时，他们会向解决重大问题的人提供奖金。有时，对于提出异乎寻常的发明的人，如果其发明被证明对商业和国防具有重要性，国王和议会将向他们提供补贴和奖励。

当然，从14世纪蒂罗林（Tyrolean）领导人承认优先采矿设备生产商时起，专利授予就成为鼓励创新的重要工具，而且成为鼓励新技术促进经济增长和提高生活标准的重要工具。专利持有人有权在一定时间期限内拒绝其他人制造特定产品或使用特定工艺。换句话说，专利是一种“消极权利”：专利持有人可以防止其他人使用他们的发明。因此，专利为它的所有者创造了一种独占权，当然，这种独占权的范围和重要性依赖于专利授予的宽度或程度。

首先，谁获得专利，或者他们的专利权范围有多大，很少有什么规律或原因。在许多情况下，专利被授予那些并没有任何发现的人。举例来说，16世纪，英格兰女王伊丽莎白一世授予的50项专利都是奖赏，使那些专利获得者拥有生产和销售诸如盐、硫磺和纸张之类的基础物资的专营权。许多重要工业的垄断权都授予了那些受到皇室宠爱的人。毫不奇怪，这些奖励引发了广泛的不满情绪：事实上，授予售酒专营权的专利导致了伦敦街头暴乱。

但是，从18世纪开始，在英国和其他地方出现了两项指导 8
原则：专利应该只授予新的和重要的发明，专利授予的范围应该与发明的大小成比例。发明者日益被要求提交发明说明书，在说明书中，他们要详细描述其发明具有哪些创新。然后政府官员决定该发明是否新颖，并且确定他们获得的独占权应该有多大范围。例如，1769年，詹姆斯·瓦特由于他的“降低消防车蒸汽和燃料消耗的新方法”而获得专利，这种新方法在未来几十年一直居于领导地位，直到对蒸汽机的第一次工业应用，这标志着英国工业革命的开端。

授予专利以保护发明者，这种经济逻辑是直接明了的。如果不对那些发现和发展新技术的人提供鼓励，那么创新就可能越来越少，这样就会减缓发展进程，而且会降低创新带来的利益。潜在的发明者认识到如果没有足够的保护，竞争对手就会快速复制他们的发明，那么创新最多不过是获得未来利益的一个不确定途径。如果这样，各个公司就不可能在研发（R&D）领域耗费大量资金，而研发是现代经济新产品和新工艺的源泉。相反，它们将选择将资金投放到其他活动（举例来说，市场营销运动）或者仅仅将它们的资金当作利润存放起来。

关于专利的经济效应的大部分学术分析都假定该系统“发挥作用”，这意味着首先发明产品或工艺的一方是获得专利的一方。这种分析结构体现在专利法律中，它所包含的思想是，除非申请专利的发明既是“新颖的”，也是“不同寻常的”，否则专利不能被授予。实务中，这些标准的适用依赖于专利局“审查员”。这些审查员如何谨慎地审查，以确保只有真正的创新者才能获得专利，这依赖于他们所面临的激励因素、他们工作遵循的规则、他们所受的培训和他们自身的能力。正如我们将会看到的，重新规
9 划专利局所产生的一个意想不到的结果是专利局对这些标准的适用受到严重影响。

无声的革命

专利已经存在了许多个世纪。令人惊奇的是，引发专利政策开创新纪元的一项措施是美国司法程序中的一个显而易见的良性变革。几乎所有涉及专利的正式争端都在联邦司法系统审理。最初的起诉必须在地区法院（District Court）审理。在 1982 年之前，专利案件的上诉在各个巡回区的上诉法院审理。这些上诉法院对专利法的解释差别非常大，一些巡回区确认的专利赔偿金可能是其他地区的两倍多。这些差异一直持续存在，因为虽然最高法院通常会介入以确保全国法律的一致性，但却很少审理与专利

有关的案件。法官不愿意将他们的时间浪费在这些“陈腐的”商业纠纷上。

其结果就是在专利诉讼案中曾经普遍存在挑选法院的现象。专利申请者会聚集在每周二中午发布专利授予名单的专利办公室门厅前。这些专利申请者一旦发现他们申请的专利已经发布，他们会冲到公用自动收费电话亭给他们的律师打电话，指示他们的律师对一些被认为侵犯新专利的人提起诉讼，并且在一个对专利权人友好的地方法院提出诉讼，例如堪萨斯城。与此同时，有可能被控告侵犯已发布专利的公司代表也将打电话，指示他们的律师提起诉讼，试图让法院宣布此新专利无效，但将会选择众所周知对专利持怀疑态度的地区法院提起诉讼，例如旧金山。这种相互对抗的诉讼通常被合并为单一诉讼，在最早受理诉讼的地方法院审理。通常，案件的命运以及数百万美元的赔偿金，将依赖于律师寄出的起诉文件上的邮戳日，邮戳日更早的一方为最早起诉的一方。

1982 年，美国国会决定解决这个问题，该问题被认为正在破坏专利保护的效力，并因此威胁到美国技术和经济发展。国会为专利案件成立了统一的上诉法院——联邦巡回上诉法院 10
(CAFC)。在国会听证会上发生的变化是积极的，它使得混乱的专利诉讼世界变得统一，并且使有效专利权的授予变得可预测。但是，从一开始，更强有力的专利保护倡导者就希望新法院断然支持专利权人。

而且事实确实如此。在接下来的十年里，在一件又一件诉讼案件中，法庭都显著扩大和增强了专利拥有者的权利。将联邦巡回上诉法院的裁决与先前各地区法院的裁决所做的比较就是一个明显的例证。地方法院裁决专利侵权的案件比例日益增加，推翻先前裁决专利所有者无权获得赔偿金的案件也日益增加。同样，联邦巡回上诉法院极大地扩大了专利持有人在许多其他方面的权利，甚至包括在专利被证明有效之前，关闭竞争对手的公司（通过临时禁令）变得更容易，以及从侵权人那里获得比以前多得多的赔偿金。

由于发明者和美国专利局行为发生的变化，联邦巡回上诉法院强化专利系统实施的举措产生的结果严重扩大，他们的行为已经导致登记的专利申请数量和成功授予专利所占的比例都显著增加。联邦巡回上诉法院做出的裁决之所以鼓励更多的人申请专利，有三个截然不同的原因。第一，联邦巡回上诉法院明确规定了可申请专利的标的物范围，包括诸如软件、商业方法之类的技术和某些迄今为止某些人认为无法申请专利的生物技术。第二，联邦巡回上诉法院对“新颖性”和“非显著性”的标准做出了判定，这样的判定使申请人更容易申请专利。最后，授予专利的法律的可执行性日益提高，使专利权在经济上更有价值，从而鼓励人们申请专利。结果是，在创建联邦巡回上诉法院之后，美国专利申请的登记率立即开始提高。

正当专利申请的热潮开始升温时，国会再一次介入，对专利
11 系统进行修改。从20世纪90年代初开始，国会将美国专利局从
由财政拨款、只收取象征性专利申请费用的机构改造为由其收取
的费用提供资金的机构。事实上，专利局已经成为政府的利润中
心，其收取的申请费超过维持该机构运转所需的成本。

此外，这种单纯的行政管理变化已经产生了重要的影响。越来越多的证据显示，专利局将自己看做是为专利申请人服务的机构。而且，毫无疑问，专利申请人希望的就是他们的申请得到批准。此外，新的定位使专利局有很强的动力尽快以最低成本处理申请。结果是，在审查专利申请的过程中，严格审查专利所适用的新颖性和非显著性标准显著下降。这样的情况又相应地鼓励更多的人申请似是而非的专利。

专利爆炸

专利界的许多人——专利局官员、专利律师和公司专利人员——都欢迎美国专利系统发生的这些意义深远的改变。而且，

他们也从迅速膨胀的专利申请浪潮中获益良多。

检验标准的降低和专利申请数量的增加已经导致美国批准的专利数量显著增加。图 1—1 显示了美国授予的专利数量，1930—1982 年（联邦巡回上诉法院在当年创建），每年增长率低于 1%，而在 1983—2002 年间，专利数量大约增长了 2 倍（从每年 62 000 件增长到每年 177 000 件，年增长率大约 5.7%）。申请数量在这段时间也激增，达到现在每年大约 350 000 件。

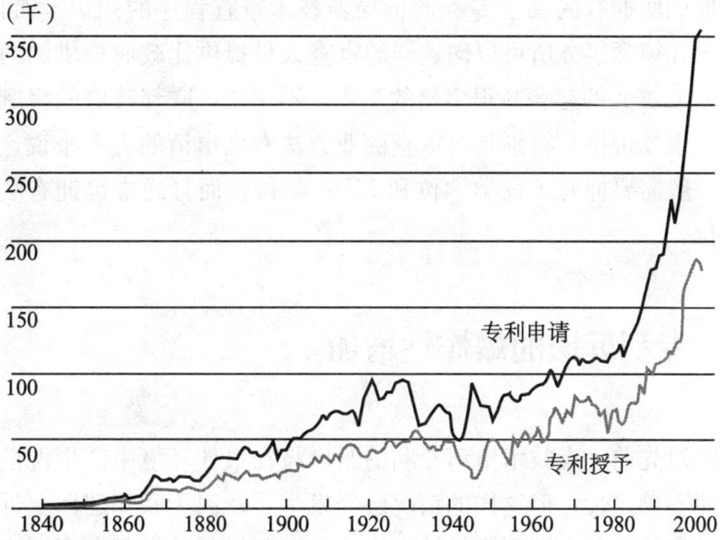

图 1—1　每年的专利申请和专利授予

如果这种取得专利权的增长反映了美国创造力的急剧增长，这值得我们庆贺，但不幸的是，很明显，取得专利权速度的快速增长伴随着价值可疑的专利授予的激增。国际比较证实了这种令人不安的趋势，根据国际比较数据显示，20 世纪 90 年代在世界范围内得到批准的来源于美国的发明专利数量增长率不到美国国内专利局批准的发明专利数量增长率的一半。专利局对并不新颖或者明显无价值的“发明”授予的特殊专利也证明了这一点。 12

许多问题都来自专利局本身的组织结构。随着时间的推移，资源逐渐显得贫乏，专利局官员试图招募合格的审查人员，特别

是在软件、金融方法和生物技术这些先前没有什么经验的“新”领域中。当联邦巡回上诉法院向新型专利敞开大门时，这些新领
13 域中有限的审查人员被申请材料淹没了。例如，金融专利的审查人员通常只有不到12个小时的时间评估一项专利申请是否真正具备新颖性。

此外，留住为数不多的拥有新技术技能的审查人员对专利局来说很困难。各个公司都热衷于雇用这些审查人员，它们非常需要他们所拥有的关于专利商标局新技术审查程序的知识。而且，公司和律师事务所可以向这样的审查人员提供比政府提供的约为40 000美元的起薪高很多倍的薪水。不用说，联邦政府的报酬远低于市场价格，特别是对审查商业方法专利申请的人员来说，他们一般需要拥有工程学学位和MBA学位，而且通常也拥有法学学位。

专利诉讼的爆炸性增加

对先前已有技术申请专利的激增将在最佳环境中产生混乱和法律不确定性，但这样的情况已经发生了，因为联邦巡回上诉法院已经使专利申请更容易被批准。可以预知的结果是专利诉讼案件数量的同步增加。图1—2显示，在整个20世纪60年代和20世纪70年代，专利诉讼的数量大体不变，在20世纪80年代，专利诉讼随着专利授予数量的增加而开始增加，在20世纪90年代数量激增。正如在第2章中更详细描述的那样，迅速增加的专利诉讼日益使律师而不是企业家和研究人员成为竞争性诉讼斗争的关键参与者。当专利系统偏离创新，而不再是激励创新的来源时，技术进步和经济增长的发动机运转变得缓慢。

在两大类竞争和法律的互动中可以看到不断发展的专利形势产生的恶性结果。在一种场景中，一个公司，通常是那种竞争实力和创新活力日渐下降的公司，意识到自己还拥有颇具价值的已

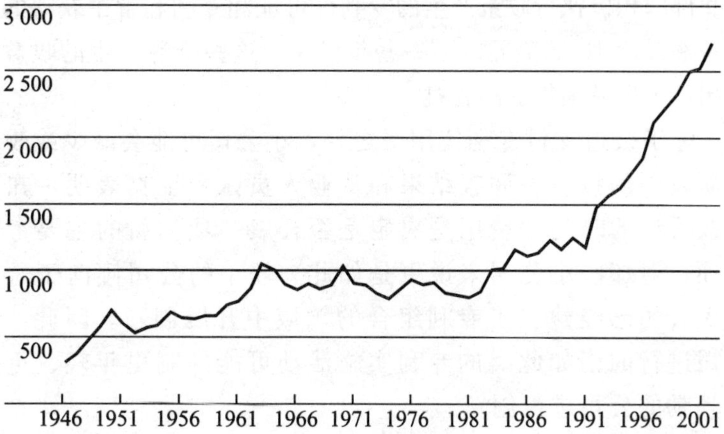

图 1—2　专利诉讼案件数量

发布的专利储备。随后，这样的公司会向竞争对手提出建议，要求竞争对手对它的专利支付使用许可费。在许多情况下，它们将以更小的公司为目标，这些更小的公司没有充足的资金来源进行 14
长时间的专利诉讼。

即使目标公司认为自己没有侵权，但它仍然可能选择解决问题，而不是斗争到底。小公司可能只是因为无法筹集到所需资金来进行长时间的法院诉讼斗争，或者不愿意牺牲研发和新设施方面的投资来为这样的斗争提供经费。此外，专利诉讼还有大量的间接成本。审判前的起诉程序和审判都可能需要被起诉的侵权者提供大量文件，而且需要其雇员提供耗时的笔录供词，甚至可能产生不利的宣传效应。这种公司的管理层可能也会被裁决个人负有责任，或者如果股票价格下跌，还会成为股东诉讼案件的对象。

对众多大公司来说——包括臭名昭著的数字设备公司、IBM、得州仪器和王安实验室，这些类型的专利强制执行活动已经成为它们自己拥有的一种业务。这些公司已经成立了专利许可证交易部门，它们通常能够成功地与较小的竞争对手达成专利许可证协议和/或约定专利使用费。例如，近年来得州仪器公司每年从其

法律部门积极执行政策产生的专利许可证和专利和解中获得的净
15 收益额接近10亿美元。在一些年份中，这些资源产生的收益已经超过了产品销售的净收益。

除了被迫支付专利使用费之外，小公司可能会减少或改变在研发中的投资。调查结果和从业人员账户证据表明，知识产权诉讼的时间和费用是决定是否开展一项创新的主要考虑事项，对那些小公司来说更是如此。较小的公司倾向于避开在大公司已经建立了专利组合的领域中开展创新。因此，大公司进行的诸如此类的专利实施活动可能抑制更年轻、更生气勃勃的公司进行创新。

另一个令人担忧的发展是试图对他们所在行业中已存在的公司进行“拦路抢劫”的个人发明者的出现，在许多情况下，这些个人得到了有效性受质疑的专利，通常这样的专利拥有过度广泛的请求权。但是，当事方通常选择解决这样的争端，不希望承担将复杂的知识产权争端交付审判的不确定性风险。

个人发明者将利用各种战略使这样的争端更片面，而且促使大公司协商解决诉讼。在大多数情况下，个人发明者都将要求进行陪审审理，然后将自己表现为陷入了“大卫诉歌利亚”的争端中。他选择的法定管辖区可能是居民对被告非常反感的地区。举例来说，个人发明者杰罗姆·勒梅尔森宣称已经发明了条形码技术，他对得克萨斯州南部地区的日本和韩国公司提起诉讼。同样，个人发明者常常威胁公司，说他们即将获得临时禁令，这样的临时禁令有权在审判开始之前就禁止被告使用专利技术。虽然通常公司可能不愿意采取这样极端的措施，以免另一方寻求类似的禁令来对付自己，但个人发明者通常没有这样的顾虑。鉴于审判过程的不确定性，被告公司通常决定与个人发明者协商解决争端，而不是斗争到底。

16 总之，专利系统的“改革”已经产生出大量的“创新税”，这些“创新税”困扰着美国一些最重要和最有创造力的公司。

问题的严重程度

美国公司每年在研发方面花费 1 000 亿美元，而且另外花费数十亿美元为它们的发明获取专利和保护这些发明的知识产权。几乎在每一个行业中，这些支出都日益增加，从传统的制造业，到服务行业，再到高科技行业。

事实上，在今天互不信任的投资环境中，知识产权比以往更重要。“网络公司”崩溃的一个教训是，没有可持续竞争优势的公司——例如那些 nine dueling 在线宠物供应零售商——不可能生存下来。投资人寻找真正的判断标准来评估竞争能力。专利、商标和其他形式的知识产权标志着一种“货币”，这种货币越来越可以用来向市场、供应商和客户证明，公司是强大的参与者，而且能够预期获得优势地位。

虽然其他国家没有模仿美国专利程序中发生的这些变化，但它们仍然面临着许多同样的问题。发放软件专利的建议在欧洲已经激起了愤怒的争论。使用 Linux 的程序设计人员率先反对这种建议，他们认为 Linux 是一种“开放资源”程序，这种程序日益成为具有挑战性的服务器和设备用专有软件，开发人员必须放弃知识产权保护。热情的拥护者认为，“软件不应有所有者”。当欧洲共同体建议对软件采取专利保护时，2 万多个 Linux 用户提出抗议。

这些问题不仅对经济的健康发展至关重要，而且对我们公民的健康也至关重要。举例来说，拥护者提出质疑，犹他州的麦利亚德基因科技公司（Myriad Genetics）在其乳腺癌基因专利上享有的广泛权利是否正在延缓对这种令人畏惧的疾病的治疗研究。麦利亚德公司在识别出能够引发乳腺癌的两个基因的过程中发挥着关键作用，该公司利用摩门教会（Mormon Church）浩如烟海 17
的家谱记录发现了关键的遗传标识。作为对其所做努力的认可，麦利亚德公司在涉及这些基因的诊断测试和处理的领域得到了两项专利。随后，麦利亚德公司与领先的医学院、大学和医院签署许可证协议，使它们有权研究与乳腺癌相关的问题。但这些许可证的范围非常有限。例如，许可证协议只限制在实验室研究，而不得扩展到临床应用。而在许多更早的案例中，疾病处理的关键突破无疑来自在实际治疗病患中准确应用新技术。自 1997 年 12 月被授予第一项专利以来，许多医学院的研究人员由于许可证协议条款，被迫放弃他们的研究项目。

甚至通常支持商业发展的布什政府都对拜尔公司（Bayer）自私地利用其环丙氟哌酸抗菌素专利的行为提出质疑。在 2001 年 10 月炭疽热袭击期间，拥护者指出，拜尔公司以每片药 1.89 美元的价格卖给政府。尽管这个价钱低于环丙氟哌酸的药店价格（每片药超过 4.50 美元），但是印度公司出售的这种药物的普通档次的价格为每片低于 20 美分。最后，拜尔公司将向政府收取的费用减少一半，但这是在政府违背拜尔的意愿启动计划向普通药制造商授予专利实施许可之后。

更一般的情况是，商业技术的持续提高是我们社会得以促进更长和更健康的生活、提高全体人民的生活水准、保护和清洁环境以及保护我们不受恐怖主义和外来威胁的影响的基础。尽管存在各种缺点和周期性障碍，我们的资本主义自由企业系统已经证明它拥有独一无二的产生新技术的能力：工业经济在过去两个世纪中提高的经济生产率比先前人类历史上所有时期的总和还多。这种进步的基础就是公司对利润的追求，这促使它们进行创新。但是，基于利润
18 的创新激励措施基本上依赖于控制创新成果所有权的机构。虽然我们尚未宰杀下金蛋的鹅（杀鸡取卵），但是我们正在日益妨碍和打扰必须饲养、喂养和照顾下金蛋的鹅的牧鹅人和公司。如果我们继续这样做，他们的丰厚产出将不可避免地减少。

关于现有专利制度的处方

我们发现我们之所以处于今天的境地，是因为过去 20 年的

专利制度变革纵容法律操控和阻碍了创新，因而改变了对创新者、公司及专利局的激励。解决方案是了解这些违背我们意愿的激励措施的作用机制，并且修改专利程序和政策，以恢复对社会需要的行为的激励。这就是本书的目标。

症状和病史

我们在第1章“目前使用的专利系统”中，首先概述了专利系统如何起作用，并且分析了它对创新激励措施的影响。现代经济中的创新需要私人公司投入大量的时间和金钱。但是，这种投资的产品并不是诸如工厂这样的有形事物，因而充满了被竞争破坏或严重削弱的风险。成功的创新始终会引起模仿者的跟进，而且对创新投资存在风险，因此可能不符合投资者的需要。专利为创新投资提供了保护措施，因此通过专利减少风险能促进创新。但是，因为创新是一个竞争性和累积性的过程，所以通常的情况是，保护一方的创新将威胁到另一方的创新。因此，虽然专利保护对创新过程至关重要，但使专利的保护作用更强或使专利更容易获得都不能必然增加创新刺激。良性创新激励的形成需要平衡对专利的需求，在保护创新者的同时降低一些保护性过强的专利阻碍其他人进行创新的内在风险。

第2章“专利的黑暗面”描述了当前专利系统失衡的程度。 *19*
专利已经变得非常容易获得，而且由于法院无情地强制执行专利，以至于关键行业中技术竞争的赢家是拥有最好律师的公司，或者是仅仅非常幸运地获得实际上并没有资格获得的关键专利的公司，而不是那些创造出最优产品或服务的公司。一些公司赚钱的策略非常明确——它们收取现有技术的专利使用费，而不是发展新技术。正如一名联邦法院法官在一项重要的案件中所说的，“他们采取闪电战和谢尔曼式（Sherman-esque）的策略”。

当前系统的病状是由更强的专利保护、授予专利标准的降低以及在技术变化迅猛的行业中大量没有价值的专利的出现等因素共同造成的。但是，在为这些疾病制定治疗计划之前，我们有必要了解关于这类症状的更早的插曲。第 3 章“长期的争论”将对几个世纪以来专利政策的发展进行审视。荷兰国会在 1859 年废除专利保护的决定使我们有机会对专利授予进行讨论。无论是在立法机构内部还是外部，经济学家和律师们有关专利最佳保护程度的著作都会加以详细的审视。人们在重要的报纸上展开激烈的争论，专利保护的支持者认为，强有力的知识产权保护可以刺激人们向研究投资，而怀疑者则指出专利诉讼以及与专利相关联的独占权可能对创新产生扭曲。对历史的回顾消除了一切认为巧妙设计的改革能够消除专利系统中的冲突和争议的错觉。

诊断

在这种背景下，我们进而对过去 20 年所经历变化的方式和原因进行分析。第 4 章“沉默的革命”揭示了新成立的 CAFC 如
20 何微妙地，或者并不那么微妙地，改变了美国专利法的前景。CAFC 的决策已经扩大了专利授予的范围，降低了获得专利的标准，并且使专利一旦被授予就更有可能抵御法律的挑战，而且使专利持有者获得诸如对竞争者施加法院禁令等形式的更宝贵的法律奖赏和丰厚的金钱奖赏。可预测的结果是，专利持有者更有可能起诉他们的竞争对手，而且诉讼的目标更有可能在这种诉讼威胁下屈服。

第 5 章“缓慢的衰落”分析了 20 世纪 90 年代初的“行政管理”变革，当时国会将专利局转变为“费用发生拨款制”的组织。但是，很少有人会思考这将如何影响专利局的运作方式，当然也很少有人会思考这将如何影响专利审批的质量。专利局已经在尽力应对 CAFC 的裁决所引发的专利申请浪潮，特别是高科技行业的专利申请浪潮。因为如果未处理的专利申请大量积压，“客户”就会不高兴，所以专利局为其审查人员设定绩效目标，督促他们尽快授予专利，因而对这些新技术申请的谨慎性和复杂性甚少关注。更糟糕的是，虽然增加申请费的初衷是要求专利局的客户为专利局的运作付费，但是，国会已经无法抵挡将专利局

的费用看做常规收入来源的诱惑。随着专利申请浪潮的日益高涨，专利局的收入迅速增加，但每年国会为专利局的运作而划拨的数亿美元资金仍少于专利局收取的费用。因此，专利局发现它很难吸引和留住经验丰富的人员完成他们的重要工作。结果是出现了大量草率审查的专利以及这样的法律场景——即便是微不足道的专利都能够用作专利诉讼威胁。

我们不是第一个谴责专利系统退化的人，我们也不是第一个建议进行必要的变革以使其回到正常轨道上的人。第 6 章“专利改革的困境”讨论了人们最近在调整该系统各个方面所做出的努力，并且分析了为什么这样的努力没有取得显著的成功。美国国会进行专利政策的改革非常困难。在现有的无效系统中存在强大的特殊利益集团，它们为了利益联合起来战胜了改革专利政策的 21
立法和行政管理努力。这些挑战可能看起来与今天的任何其他高投机政策没有什么不同，但是，这些问题的复杂性和明显的不明确性使得改革异常困难，甚至用华盛顿的标准来衡量都是如此。当与专利系统有关的立法偶尔进入公众视野时，公众的讨论通常被混淆和误导。举例来说，在 1997 年，国会建议公布专利申请，以限制获得过长保护的“潜水”专利。由于诸如 G·高登·利迪、奥利弗·诺思和菲利斯·施拉弗莱这样的脱口秀时事评论员误导性地声明变革将损害小发明者，这样的努力被放弃了。

处方

也许，明智的人本不愿意和高登·利迪和奥利弗·诺思站在相似的立场上，但在第 7 章“创新和无止境的渴望”中，我们仍略显草率地提议建立一个重新修整的专利系统，旨在促使对创新的激励最大化。虽然这种冒险也许是不适当的，但我们知道，任何系统都不可能是完美的，因为不同创新者之间的矛盾是内在的，而且执行专利法规的决策必须由人做出。因此，我们可以想象，在做出变革的专利系统中，同样将始终存在专利争论以及授予和实施专利中所犯的错误。此外，在一个复杂的、不断变化的技术世界中，做出最佳决策所需的信息来自许多不同的地方，而且将信息搜集起来的成本十分昂贵。因此，制定出一个更好的系统的关键之处在于创设出激励因素，从而使不同的利益方为专利程序提供的信息最大化，与此同时使他们破坏性地使用专利程序的动机最小化。当然，重要的一点是要确保在错误不可避免地产生时，拥有实际的和相制衡的程序来修正这些错误。

实现这种广泛的概念需要对实施专利的专利局和法律法规做出根本性改变。专利局之所以对旧创意授予专利，是因为它的审
22 查资源不足，也因为它并不擅长发现与专利申请相关的已有技术的信息，特别是在新的、快速发展的技术领域中。而且，当不再新颖的创意获得专利时，其他公司别无选择，只能期望在联邦法院对该专利提出质疑，这通常存在风险且代价昂贵。为了有所改进，专利商标局需要在其审查过程中使用更多的资源，并且需要对程序进行修改，以使拥有相关信息的外部各相关方有机会和动机向专利局提供这样的信息，以引起专利局的关注。但是，这样的程序规则必须考虑一种可能性，即外部各相关方会利用任何这样的方法试图在竞争对手合法的专利申请过程中设置障碍。

为了节省专利商标局的资源，并且以最大限度地降低外部信息对有效申请的破坏性影响的方式引入外部信息，最佳方法是对专利商标局日益繁琐的审查程序实现顺序标准化。大部分专利只有一个相对匆忙的审查，而且任何人都不会反对它们的发布，因为它们在经济上并不重要。但是，在重要的案例中，那些相信他们能证明所发布的专利并不具有创新性的竞争对手需要机会对此做出证明。因此，我们提议创设两类此种机会，使得在（专利申请程序中的）每一步骤进行详细审查的力度和援引额外审查的障碍相应逐步增强。这种阶段性的方法能平衡在重要案例中提供更多更好的信息的需求和额外的详细审查步骤阻碍真正有效申请的风险。

设计用来提供更多信息的程序可以减少专利商标局所犯的错误。但是，这样的步骤无法消除错误。在法庭上解决这些错误的

过程中必须再次引入一种平衡。一方面，在真正具有创新性的创意方面拥有有效专利的创新者必须能够依赖这些权利保护他们在新产品或过程中的投资。专利法的一个原则是，一旦政府发布一项专利，专利持有者有权假设该专利有效，这意味着举证责任落在其他相关方身上，他们需要证明该专利无效。如果专利能发挥 23 它们的基本作用，降低开发新技术的内在风险，那么这样的原则就必须保持。但是，对那些受到法律诉讼的威胁，但认为该专利不应该被授予的相关方来说，证明专利无效的机会提供了抵御敲诈的可能。

根据 CAFC 对有关条款的解释，只有使未受过技术训练的陪审团确信，有“明确的、令人信服的证据”能证明被授予专利的创意实际上并不具有创新性、也不重要，才能赢得认定其无效的裁决。这是一种机会博弈，而不是有序的决策过程，这是专利持有者占据优势的过程——有利于专利持有者的优势。对于竞争性发明之间的关系所产生的技术难题，必须在专利有效性的最终问题提交陪审团之前，由法官和法官任命的专家解决。虽然专利诉讼的结果仍然不确定，但该程序至少提供了在坚实的技术基础上做出决策的最佳机会。

专利政策太重要以至于不能只留给专利律师处理

当法院、国会和行政部门考虑专利政策事宜时，可以确定的是，他们将听取专利律师和专利持有者的意见。虽然他们的争论通常以公众利益的措辞表达出来，但从根本上说，他们关心的也是他们自己的收益和生计，而不是要设计可提升整体创新率的专利系统。如果这样的改革会减少他们的收入（阻止伪造的申请），并威胁到他们所建立的经营模式，那么我们甚至不敢奢望专利商标局本身会拥护必要的改革。当然，各相关方的长期利益都依赖于坚实的创新系统，而专利在这样的系统中发挥着关键作用。

由于只考虑特殊利益集团，专利政策看起来既神秘又晦涩。
专利法的许多细节无疑非常复杂。但就其核心来说，专利系统包
24 括三个方面。它包括技术——无止境的新奇和引人入胜的过程，
由此可以孕育和完善有关机器、药物或计算机程序的新创意；它
也包括人——新方法的发明者，决定对创新投资、互相起诉和为
这样的诉讼抗辩的企业家和律师，必须评估各方相互竞争的申述
并做出决策的政府雇员；还包括国会和法院建立的法规和程序如
何影响人们与根本的技术发展过程之间相互作用的方式，这种相
互作用最终会影响到我们所有的人，所以应该引起我们所有人的
关注。

第1章 目前使用的专利系统

在 2001 年的某一天，密歇根州盖洛德市一家小型食品杂货和包办伙食的饭店 Albie 食品股份有限公司收到了一份不同寻常的通知，这是来自果酱和果冻的生产巨头 J. M. 斯马克公司（J. M. Smucker）委托的律师事务所的信件。在信中指出，Albie——在密歇根北部地区销售糕点和三明治——因为出售无皮花生酱和果冻三明治，被斯马克公司指控侵犯了它们的知识产权。 25

特别地，斯马克声称 Albie 已经侵犯了斯马克最近获得的涉及“密封无皮三明治”的编号为 6004596 的美国专利。[1] 事实上，正如专利摘要上所述的，斯马克已经得到广泛的保护："三明治包括下部的面包部分、上部的面包部分、在下部面包部分和上部面包部分之间的上部填料和下部填料、封闭在上部和下部填料之间的中间填料、将填料密封在中间的面包各部分外部圆周的弯曲边缘；上部和下部填料最好由花生酱组成，中间填料至少由果冻组成。"也许令这家果酱巨头大吃一惊的是，Albie
26 决定在联邦法院为自己辩护。在其文件中，Albie 的律师认为，自从 19 世纪铜铁矿工从英格兰康沃尔移民过来之后，"酥皮馅饼"——带有弯曲边缘和无皮的盒状三明治——就已经成为密歇根北部的流行食品。

在联邦法院就花生酱三明治展开争论可能看起来很滑稽，而且似乎很可怜。但是，这是本书引言中概要介绍的专利系统将出现更大和影响更深远的问题的征兆。在下面几章中，我们讲述的内容是我们如何理解这样的事件，即大型公司向资深律师支付大量的费用，试图让一家食品杂货店结束花生酱和果冻业务。在本章中，我们为这个故事奠定基础。在下一节中，我们开始解释专利系统如何运作。本章的剩余部分致力于解释技术创新为什么对社会如此重要，并且说明专利如何促进技术创新。

专利入门

专利是政府机构发放的法律文件。在美国，专利由专利商标局（PTO）公布，专利商标局是商务部的分支机构。专利商标局由总统任命的局长（先前称作专员）领导。专利描述一种创新，并且列出一项或多项权利请求，说明该发明做出了先前没有做出的东西。专利持有者有合法权利阻止其他任何人制造、使用、销售或进口含有规定权利请求中所包含的任何特性的对象或设备。这样的权利不仅在美国国内有效，而且扩展到禁止美国各方进口在生产制造过程中存在侵权行为的商品。其他国家也拥有类似的专利系统（虽然各国在如何执行专利的细节方面有所差异）。

正如在引言中简要说明的，美国专利政策和实务在过去 20 年间已经发生了改变，其改变在不少方面从根本上损害了该系统的目标。总的来说，其他国家至少到目前为止避免了这些错
误。尽管如此，我们分析美国专利系统所应用的基本原理—— 27
确保该系统创造正确的激励因素，促使专利申请者、专利审查者、潜在的侵权人和专利拥有者使用，但不滥用该系统——也适用于所有地方的专利系统。

专利“审查”过程

为获得美国专利，发明者要向专利商标局提交申请文件。为了提供专利授权，专利商标局的审查人员必须确定该发明满足可享专利性的各项标准。第一，发明的标的物必须是适当的。美国专利法允许向下列对象授予专利：

- 工艺，例如酿造啤酒或在硅片上放置电路的新方法。
- 生产设备，例如识别传染病的工具或机器，新的机器工具以及汽车化油器。
- 合成物，例如新型混凝土或新分子。
- 上述物质新的和有用的改进。
- 任何与众不同的和新类型的无性繁殖植物。
- 生产设备的任何新的、原创的装饰设计。[2]

正如我们将在第 4 章中强调的，美国法院在确定真正可取得专利的标的物方面已经逐渐变得更加慷慨。

但是，确保申请事宜拥有适当的标的物并不是这个故事的结局。专利申请必须通过三种其他检验：

- 实用性：该发明确实有用吗？而且如果有用，该发明能够解决它所列出的可以解决的问题吗？实际上，要求该发明有用并不是极其重要的，因为我们很容易理解，几乎任何

东西都有潜在用途。[举例来说，编号为5023850的专利
28 涉及狗戴的手表，(或者也许是一块爪表?) 它走得比普通
钟表快七倍。]

- 新颖性：所声称的发明确实是原创的吗?
- 非显而易见性：即使发明是新的，但对该领域的一般专业人员来说，所声称的发明在发明之时在技术方面是显而易见的吗?“非显而易见性”要求可能被认为是对新颖性要求的补充，以防止申请人在尚未出现但可轻易出现的东西上获得专利。即使发明是新的，但法律并不允许向仅仅对已经存在的东西做出微小的或“显而易见”的改进的发明授予专利。因此，如果专业人员对一些已有发明简单修改而获得新的发明，这样的发明就被认为是显而易见的，因此不能获得专利。

事实上，审查人员的工作就是将申请涉及的发明与所谓的“先有技术”进行比较。这是一个法律用语，提出专利申请之前已经存在的一切事物都可以称为“先有技术”。为了获得一项专利，发明必须通过与“先有技术”有关的“新颖性”和“非显而易见性”的测试。

专利申请文件，首先要对发明和该发明所涉的事情进行一般性说明。但是专利的法律核心是它的“权利请求”。专利权利请求是该专利覆盖和未覆盖的内容的法律特性，因此它们要以非常具体和合法的文字表达出来。一项捕鼠器的假定专利可能拥有一个类似下文的摘要：

> 这是用于捕获不超过100克的老鼠或其他有害的哺乳动物的装置。在此装置中，摇臂杆连接在弹簧或类似装置上，并且用吊钩、扣环或类似装置拉紧，同时吊钩、扣环或类似装置又连接在装有馅饼 de fois gras (某种诱饵) 的小板上。在啮齿类动物试图吃上述馅饼从而引起馅饼出现任何震动

> 时，装有馅饼的小板和吊钩或扣环之间的连接能够立即将摇臂杆释放弹出，摇臂杆恰好落到啮齿类动物的头或颈部可能处在的位置上，而且弹簧或类似装置可以使摇臂杆的下落有足够力量将上述啮齿类动物杀死，使其失去跑动能力或将它困住无法逃脱。 29

请注意，这种假定的专利摘要包含一些含义尽可能广泛的词或短语，例如“或其他有害……动物”和“或类似装置”。（这种语句将在列出专利申请人寻求独占权的具体领域的“权利请求”中不断重复。）这样意义广泛的语句是试图使该专利覆盖尽可能多的各种装置，以使专利持有人获得限制竞争对手的最大权力。但是，也需要注意，该专利包含限制其涵盖范围的语句，例如“哺乳动物”和“不超过100克”，而且该专利对所使用的饵料规定得非常具体。这样的限制是为了将该发明与先前的发明区分开来，体现其新颖性和非显而易见性。举例来说，如果先前存在类似设计的装置可以用于捕获超过100克的爬行动物或哺乳动物，那么这样起草的专利摘要可以将新发明与先有技术区分开来。当然，仍然由审查人员负责决定采用一些先前爬行动物捕捉器来捕捉老鼠是否显而易见或不显而易见。只有当这样的改进是非显而易见的时候，才能被授予专利。同样，虽然可能先前没有人建议使用馅饼作为老鼠饵料，但这种区别只有在可以判断使用这样的高级饵料而不是使用乳酪或花生酱构成了创造性的改进，而这样的改进对有经验的捕鼠器设计人员来说非显而易见时，才能证明该专利的合理性。

如果审查人员得出结论，由于申请并不新颖，或者显而易见，所以申请中的权利请求不能被批准，那么申请者有机会重新起草权利请求，以使这些请求受到更多的限制，这样就可能将该发明与先有技术区分开来。因此，专利审查过程在很大程度上是申请者（实际上，一般是申请者的律师）和审查人员之间的一种谈判。申请者一般希望权利请求的语句尽可能广泛。但是，审查

人员可能坚持对其进行限制，以使该发明与先有技术区分开来。一旦各方在将该发明与先有技术区分开来的语句上达成一致，那
30 么专利就将被授予。如果不可能采用使审查人员满意的方式起草权利申请书（或者如果使审查人员满意的版本非常有限，以至于申请人认为不值得追求这样的权利），那么专利申请就会被拒绝。但是，由于申请人实际上拥有无限的机会来修改申请以使审查人员满意，所以美国所有最初的专利申请中的大部分现在最终都被授予专利权。[3]

我们将在后面详细介绍的这个专利申请过程的一个关键特点是它只涉及申请者（和申请者的法定代表）与专利商标局。特别地，其他公司或其他相关各方——实际上，它们可能拥有与该申请应该加以考虑的先有技术的状态相关的信息——不允许参与其中。实际上，直到最近，全部申请过程都是保密的。无论专利商标局花费多长时间来对给定申请做出处理，甚至该申请的存在这一信息本身直到专利得到授予之前都要保密，而且如果最终没有被授予专利，那么该申请将永远保密。正如下面进一步讨论的，根据在 1999 年做出的变更，目前美国的大部分专利申请在申请之日起满 18 个月都将被公布出来。但是，情况仍然没有改变，即如果你获悉某个专利申请所涉及的发明是其他人在多年前已经做出的，那么在不损害你日后抗辩能力的情况下，阻止专利商标局授予一项无效专利是很困难的事情。[4]

所以你自己得到了一项专利

如果专利商标局授予一项专利，那么专利接受者（“专利权人”）所拥有的合法垄断权从专利申请登记之日起持续 20 年。虽然发明人以及专利申请者必须是人，但发明人可以将专利转让给公司，该公司因此拥有与该专利有关的所有合法权利。公司要求其雇员将他们的专利转让给雇主是很普遍的现象，而且通常由公司的律师处理申请过程。在本书中，我们将粗略介绍公司如何申请和获得专利，而不提及发明者申请专利以及随后将专利转让给

公司的技术细节。

专利属于知识产权。它可以被购买和出售、在遗嘱中遗赠、 31
作为结婚礼物提供，或者留在顶楼中被人遗忘，就像其他任何财产一样。而且，就像一栋房子或一片土地一样，不想出售专利的专利权人实际上能够将专利出租给其他人，向其他人授予使用专利技术的使用许可证。许可证协议可以要求，也可以不要求被许可方向专利权人支付称作专利使用费的费用。这种专利使用费能够以双方协商一致的任何形式支付，例如预先一次性支付、每年支付固定金额的现金，或者按被许可方赚取的收入或利润的百分比支付。但是，知识产权和有形财产之间的重大差别是，知识产权能够同时“出租”给很多人：可向多方授予许可证，对每一使用者使用该技术的方式可以限制也可以不限制。当然，在许多情况下，专利权人并没有出售专利或颁发专利许可证，而是在其自己的企业中使用获得专利的技术，并且依赖该专利防止其竞争对手使用它的专利技术。

现在，如果尚未获得许可的人从事专利的权利请求所包含的活动，那么他们就被认为侵犯了该专利。当专利权人了解到有人侵犯他的专利时，一般地，他会给侵犯专利的人写信。这封信可能要求对方停止被断定的侵权活动。根据专利权人的商业战略，这封信可能提供专利许可作为交换，可能要求获得专利使用费或其他报酬。信函的接收者基本上有三种选择：同意获得许可并支付专利使用费（如果提供该选项）；停止被宣称侵犯专利权的行为；或者他们只是一如既往并且等待专利权人的下一步行动。

在许多情况下，双方将进行协商以试图解决争端，而且这样的协商很可能产生某种类型的许可证协议，要么是支付专利使用费的许可证协议，要么是不包括支付专利使用费的许可证协议。但是，如果这样的协商没有成功，那么专利权人会通过向联邦法院提起诉讼，要求强制实施专利来停止宣称的侵权行为。如果专利权人能够证明有人侵犯了该专利，那么他们有权申请禁令（法院

32 命令）要求停止侵权活动。他们也有权要求损失赔偿金，作为对诉讼判决之前发生的侵权行为提供的补偿。

除了否认侵权之外，侵权诉讼中的被告的典型做法是反诉，宣称专利本身无效。他们有各种理由宣称专利无效，事实上，最直接的理由是专利审查人员犯错，其实该发明并不具创新性或显而易见。因此，为了在这种诉讼中获胜，专利权人需要法庭判决专利有效，而且被侵权。所宣称的侵权人可以通过未侵权的调查结果或专利无效的调查结果获胜。

花生酱和果子冻的混乱

我们现在跟随花生酱和果子冻专利来看看这个过程。在 1997 年 12 月，明尼苏达州佛格斯瀑布城的 Len C. Kretchman 和北达科他州法戈的 David Geske 向专利商标局提出申请，要求对“封装无面包皮三明治”授予专利。主要的审查人员是 Lien Tran。大约两年之后，专利被授予，该专利包含 10 项权利请求。第一项权利请求如下所示：

> 封装无面包皮三明治包括：
>
> 第一层面包层具有与接触表面共面的第一层圆周表面；
>
> 至少一种适合食用的食物填料与上述接触平面并列；
>
> 第二层面包层与上述第一层面包层相对的至少一种上述填料并列，此处所说的第二层面包层包括与上述第一层圆周表面类似的第二层圆周表面。
>
> 上述第一层圆周表面和上述第二层圆周表面之间的压皱边缘，直接用于封装上述第一层面包层和上述第二层面包层之间的至少一种上述填料；
>
> 上述第一层面包层和上述第二层面包层的面包皮部分已经被去除。[5]

33 换句话说，他们宣称已经发明了将一些“填料”放入两片面包之间，并且对边缘进行压皱以封装填料并除去面包皮的方法。其他权利请求继续精心设计这个思想，包括添加看起来是该项发明关键特点的内容——拥有三层填料的三明治，其中第一层和第三层边缘（例如花生酱）超过第二层填料（例如果子冻）的边缘，这样当三明治被压皱时，花生酱层的边缘“彼此咬合以形成保持中间的上述第二层填料的容器”。单来说，审查人员的决定使这些权利请求实际上成为一项判决，即将花生酱放在果酱周围以使面包不会变潮湿是一个新思想，而且该思想对先前有经验的三明治制作人员来说，并不是显而易见的。

在审查这项申请的过程中，审查人员确认了相关的先前工艺——在 1963 年到 1998 年之间授予的 7 项专利和 1994 年出版的一本名为《50 种大三明治》的书。这些先前的三明治发明与 Kretchman/Geske 的配方有何不同并不清楚。现在，读者可能很震惊，人们不需要查看先前的专利就知道，去掉三明治的面包皮、在果酱周围涂抹花生酱，甚至“压皱”边缘可能并不是新的思想。事实上，我们将在后面看到，对一些技术来说，例如软件，审查过程中存在的一个大问题是先前工艺并不是以专利形式存在，而且专利审查人员并不是非常擅长于发现未授予专利的先前工艺。

当然，就这个案例而言，甚至在专利商标局自己的文件中，都存在削弱该项专利有效性的证据。特别明显的是，1949 年美国专利号为 2463439 的专利就是一种制作非常类似的三明治的方法。正如旧的专利所解释说明的：“这项发明的标的是提供……将上述填料放在三明治中间，并且通过加热和加压将面包片的边缘封装以防止填料从制成品中溢出的设备……［而且］是修整烘烤过的面团片的方法。”不仅许多辛辛那提的餐馆老板为此项发现申请了专利，而且基于该项发现的设备已经出售。举例来说，
在 ebay 上，人们可以不时看到正在出售 20 世纪 50 年代的 34
“Toastite”，它就能生产与旧专利（和新专利）中所描述的类似的“封装无面包皮三明治”。

但是，当申请人既没有在他们的专利申请中包括先前的专利，也没有提及有关酥皮馅饼或 Toastite 的任何信息时，专利审查人员如果没有发现这些特定的先前工艺，就会判决它们不相关。所以，最终该专利被授予，而 Albie 家族收到了要求他们“停止和放弃”的信函。许多处于 Albie 家族地位的小公司本应该简单地从它们的烹调组合中撤出“酥皮馅饼”，或者如果 Smucker 的要求很低，则同意支付专利使用费。但 Albie 家族选择了斗争——至少暂时是斗争。最终，就像许多这样的争端一样，双方私下达成了和解。

究竟出了什么问题?

现在仅仅一项愚蠢的专利并不是系统性问题的证据。然而，正如我们将在本书中看到的，尽管有明显的无效证据，先前工艺使申请专利的发明并不具创新性和/或显而易见，但此类发明仍然被授予专利，这种情况已经变得非常普遍。我们可以再看一下面包业，美国专利号 6080436 的“面包保鲜方法”专利在授予书中说明，这是一项“有关通过暴露在高温下对面包制品保鲜的过程和保险设备的发明，特别是对开面物品的保鲜，例如切片面包圈、奶油小圆甜面包、小松糕等”——大部分人称之为烘烤。任何人如果最近在烤肉架上烹制略微过期的红肠奶油小圆甜面包，那么他就可能侵犯了这项专利。

专利局怎么会错判这些案例呢，它们的先前工艺如此众多而技术又是如此基础？正如我们将要讨论的，这些专利——以及其他一些同类专利，例如“训练猫的方法”和“摆动悬摆的方法”[6]——正是不祥预兆的冰山一角。由于 1982—1990 年之间所进行的法律和行政变革，专利商标局已经负担过重，而且它的激励措施已经变得倾向于授予专利，以至于用以确保专利独占权只授予真正发明者的创新性和非显而易见性的检验标准在很大程度
35 上已经变得无效。同时，法院系统的变革已经使专利权成为比以往更强大的法律武器：专利权人比以往更有可能赢得对更广泛的

可能侵权者提出的侵权诉讼。换句话说，在不到10年的时间里，我们将专利所代表的武器从类似手枪或小折刀的东西变成了火箭炮，而且开始将火箭炮发给希望得到它的任何人，而不管其创新性和非显而易见性的法律检验结果如何。结果已经变成一场危险而昂贵的武器竞赛，现在这种竞争在削弱而不是促进至关重要的技术创新过程。

我们将在后面的章节中证明，使该系统重新回到轨道上来的关键是重新调整对所有各方的激励措施——专利商标局、潜在申请者、其他发明者和专利权人——以减少申请数量，提高审查严格性，并且减少将专利诉讼作为竞争武器的激励措施。但是，在做到这些调整之前，需要探究我们期望专利实现什么目的，为什么在专利系统中实现正常水平的严格性会如此困难。

为什么我们开始时需要专利系统

让我们做一个回顾。为什么我们要授予专利呢？毕竟，即使在真正的新发明被授予专利，而且专利没有被滥用的情况下，专利仍然是政府批准的独占权。独占权是有害的。为什么不彻底废除专利系统呢？

两个故事

高通公司（Qualcomm）是一家创建于1985年的通信技术公司。[7]它首创了一种称作CDMA（码分多址）的技术，该技术允许蜂窝电话和其他移动通信设备有效使用无线电频谱。CDMA受到高通公司在1990年申请、1992年获得专利局授予的一项专利的保护。高通公司在它自己的产品中使用该技术，而且已经将该技术的许可使用权提供给许多其他公司。高通公司现在收入约为 36
30亿美元，其中约8亿美元来自其专利许可赚取的专利使用费，剩余部分来自其自己的销售。为了获得这样的收益，它必须与同业大型公司进行竞争，例如摩托罗拉。它的成功是以它的技术优势为基础的。如果 CDMA 技术没有得到专利保护，那么高通公司就不可能实现这样的成功。

另一家从无到有，以专利为基础发展成收入达数十亿美元的公司是生物基因公司（Biogen）。[8]生物基因公司是 1978 年由一群科学家创建的，这些科学家中的两位最终获得诺贝尔奖。生物基因公司是一家最早使用基因工程新技术开发医药产品的公司。它筹集了数百万美元，最初通过引入风险资本，然后在 1983 年通过股票公开上市筹资，并且使用这些资金资助新产品的开发，例如 α 干扰素、β 干扰素以及用于 B 型肝炎的疫苗。为了资助成本更高的这类产品的临床试验，生物基因公司与多家世界制药巨头达成合作伙伴关系。如果没有专利来保护这些药品，那么其发明者或工业合作伙伴都不愿意向这些产品投资。事实上，在生物基因公司成立以后的最初 15 年中，没有制造或出售任何有形的“产品”。实际上，它向其他公司“出售”科学家的研究成果，其他公司随后使用生物基因公司的技术为消费者生产产品。这样就使生物基因公司能够专注于它最擅长的地方。如果没有专利保护技术，那么这种通过市场对技术本身专业化的做法将不可能成功，因为如果没有专利，生物基因公司的合作伙伴一旦了解到生物基因公司获得的成果，可能就可以简单地加以利用，自己生产出产品。

诸如高通公司和生物基因公司这样的公司取得成功的实质是它们能够使用专利提供的法律保护来证明和保护它们的发明。从概念上说，专利所做的事情是将发明者的无形发明转变成可购买和出售的“财产”，或者在专利基础上就可以创建企业。在本章中，我们概述专利系统如何在支持技术进步过程中发挥其应有的
37 作用；在随后的几章中，我们将介绍出现重大错误的案例，并且指出如何能够使事情回复到正确轨道上来。

简单的专利案例

专利的社会功能的标准经济解释有三个基本部分。第一，新

技术的开发和商业化——技术创新——创造出广泛的社会效益。随着时间的推移，总的来说它使我们寿命更长、生活更健康；货币收入日益增长；消费更广泛的商品和服务。这就是我们的生活看起来和我们的祖父、祖母不同的主要原因。（这提出了诸如此类的问题，即我们实际上是否比我们享受技术成果少的先辈更幸福，但我们将这样的问题留给别人去考虑。）正是我们的共同兴趣创造出促进技术创新的社会、文化和法律组织。

讨论将专利看做法律环境的一部分的下一个步骤是认识到技术创新过程很昂贵。新的产品和服务并不会刚好从发明者的创造性思想中完全茁壮成长。虽然创造天才瞬间的火花可能点燃创新的火焰，但通常的情况是，要经过多年的研究和开发才能使这团火焰成为可以燎原的商业上可行的熊熊烈火，在这条道路上，有很多假情报。而且这个培育过程很耗费金钱——通常需要大量的金钱。

如果技术创新是社会所需要的，但是很昂贵，那么社会需要制度来将时间和金钱引入研发过程中。至少在理论上，实现这一点的一个方法是可以让政府使用通过税收筹集的资金资助研发新技术。事实上，美国政府进行了许多研发，特别是在诸如防务、空间和环境领域，这些领域都是对政府责任来说至关重要的领域。但是，在我们的自由企业系统中，我们不认为让政府为工业开发新产品和过程是一个好主意。政府擅长很多事情，但办企业 38
并不是政府擅长的领域之一。

如果社会希望技术创新，但政府不能这样做，那么我们需要的是创造激励措施以使私人和公司将他们自己的资金投资到该过程中的机构。除了偶尔有空想发明家希望不惜一切代价向市场推出发明之外，对研发进行投资的激励措施最终必须来自如果该发明成功，可以赚取大量金钱的预期。

为了提供创新激励，政府必须向做出重要创新的人员或公司提供或授予有价值的东西。在专利系统中，这种授予采取使用政府的法律系统为创新者创造出一个经济独占性领域的方式。更直接的方法可能是简单地向发明者奖励现金。正如将在第 3 章中讨论的，在 17 世纪和 18 世纪，英国的初期专利系统与使用“奖金”共存，“奖金”是对那些对特定技术问题提出成功的创新性解决方案的人提供的奖励。有一些创新过程，学者提倡继续使用奖金；例如，迈克尔·克里默（Michael Kremer）认为，政府或私人基金应该为医药公司提供主要的奖金作为开发热带传染病疫苗的鼓励（因为需要这些疫苗的人和政府都太穷，以至于无法使这样的研究在专利保护情况下有利可图）。[9]

虽然奖金可能是推动特定的、人们需要的技术的有效机制，但它们总的来说，不能作为产生创新的有效机制。首先，拿出足够的奖金奖励全部工业创新将很昂贵；筹集税金提供这样的奖金既不受欢迎，在经济上也是一种沉重的负担。其次，计算出向每一项创新提供的奖金数额很困难。在大部分情况下，一项发明的重要性在开始时是不确定的。如果政府试图以一般的方式用奖金奖励创新，那么在一些情况下它可能需要设定的奖金太过巨大，而在其他一些情况下则没有足够的奖金。例如，英国政府向组织邮件新方法发明者约翰·帕尔默（John Palmer）支付的奖金总额
39 为 5 万英镑（今天相当于几百万美元）。这比向爱德华·詹纳（Edward Jenner）支付的奖励其天花疫苗的奖金高出许多，而天花疫苗在未来几年中几乎挽救了数百万人的性命。[10] 另一方面，专利本质上是与其发明规模成比例的：普通发明的独占权不可能值很多钱，而重要新技术的独占权通常非常有价值。因此，至少在理论上，专利为不同的创新提供了粗略的奖励标准。

建造更好的捕鼠器

假设你或为你工作的某个人迸射出创造性的火花，即发明真正新颖的和更好的捕鼠器的思路。你花费了数百万美元使这个主意成为现实，改正了设计缺陷，并且对这项发明进行了试验。现在，你将它投放到市场中；世界各地的人们蜂拥而至；每一个人都由于捕鼠器能如此有效地迅速杀死鼠类而慷慨感激地向你付

款：老鼠真的很喜欢馅饼！这些利润正是在你雇用一流捕鼠器工程师开始这项工作时，在你花费数百万美元实现这个新主意时所希望得到的奖金。

到目前为止，一切都很好，除了那些可能注意到你那里门庭若市的所有其他捕鼠器制造商。所以，它们可能做的事情是买下几个你的新捕鼠器，并且弄清楚它们如何起作用。如果它们能够弄清楚，那么它们将复制你的设计，并且出售它们自己的版本。这可能很容易做到——你已经花费了金钱改进设计并试验它——它们可能简单地跳到最后一步，模仿你的发明和它的实现。

事实上，虽然在过去 25 年中，美国发布了与捕鼠器有关的 34 项发明专利（包括“橡皮筋提供动力捕鼠器”、“改进捕鼠器机制的包装式捕鼠器”和“人道的鼠类捕鼠器”），但这并不是一个特别重要的经济部门。但是，同样的经济动力学在更重要的工业部门发挥作用。这点也许在处方医药品方面可能展现得最清晰。 40
食品与药物管理局（FDA）必须批准在美国出售的药物。为了批准一种药物，FDA 需要昂贵的临床研究形式的证据表明该种药物安全有效。这意味着在发明了化合物并确认了其初始健康用途之后，人们（通常是大型医药公司）必须花费数亿美元进行试验，以向 FDA 证明该药物安全有效。但是，一旦药物进入市场，拥有像样的化学实验室的任何人都可以弄清楚该药品由什么制成，而且在大部分情况下，他们可以制造和销售这种药品。

随后，来自这些模仿者的竞争将降低该药品的价格。（事实上，这恰恰发生在专利到期和药品遭受“一般性”竞争的时候。）降低药品价格可能看起来对社会来说是一件好事，但如果竞争快速降低新药的价格，那么发明新药的公司将无法从销售这种药品中赚取大量的利润。而且，在没有专利的世界中，这种场景正是研制出真正成功的新药的药品公司所预期出现的。现在，假设你是药品研发主管。每次你试图向市场推出一种药品时，你都必须花费数亿美元进行临床试验以获得许可。如果药品被证明是假货——压倒多数的有前途的新化合物甚至永远不会被批准，而且许多已经得到批准的药物只有普通的销量——你会损失数亿美元。如果药品被证明很成功，那么你就可以销售这些药品。但是，在这种假设的没有专利的世界中，你所有的竞争对手将随后跳出来，也出售该药品，这样你就不可能通过销售该药品真正赚到钱。也许你能收回你研制该药品所花费的钱，但也许你无法全部收回成本。所以你所玩的游戏结果是“你失去了主要部分，只得到一点次要部分”。这并不是你的董事会让你长期玩的游戏。而且如果没有人玩这个游戏，就没有新药研制出来。

因此，专利使西药很昂贵，这很不幸。但是，如果它们不昂贵，那么销售它们获得的收入将无法证明研制它们所花费的大量成本的合理性，也就没有人会进行这样的研发活动。况且有昂贵
41 的新药总比没有好。这就是专利系统核心的折中。我们提供独占权，我们知道这会使获得专利的产品更昂贵，而且使得一些专利独占权持有者赚取“令人讨厌”的利润。但我们之所以这样做是因为这些令人讨厌的利润前景推动着公司首先研发新产品，并且从一代成功产品获取的收入流是为开发下一代产品提供资助的可靠途径。

控制创新中的内在风险

这种模仿风险会威胁着研发中的所有投资。而且创新的本质是来自创新的利润或投资回报率的极度不平衡。新产品及其研发过程中的大部分投资是失败的，这意味着它们的投资者损失金钱。向新产品及其研发过程的投资中，只有很少一部分能够成功。对于向值得投资的新技术投资的全部“游戏”来说，成功意味着必须赚取足够的利润——不仅要收回他们自己的成本并获得合理的投资回报，而且要收回所有失败产生的成本以及应该获得的合理的投资回报。否则，整体投资战略将失败。假设你（或其他投资人）可以将资金放在银行或投入到国库券中，并且每投资100美元每年可安全地赚取5美元。现在假设你有机会向一系列新产品研发进行投资。你预期90%的研究会失败，这意味着你在

这些投资上将不会赚钱：你将只能收回你投资的资金。大约 10％的研究将“成功”。

当然，成功的程度各不相同。假设在该案例中的“成功”可能意味着你每投资 100 美元赚取 20 美元。这看起来像是非常高的投资回报，是国库券的安全投资回报的 4 倍。但是，问题在于，你不能预先知道 10 个项目中的哪一个将会成功，哪一个将会失败。平均来说，你必须预期你的每次成功将会伴随着 9 次失败。这意味着投资 1 000 美元（10 个项目中的每一个项目 100 美元），你将预期只能赚取 20 美元（9 个项目赚取 0 美元，一个成功项目
赚取 20 美元）。这样，你每投资 100 美元的平均投资回报只有 2 42
美元，这明显不如将资金留在银行中得到的投资回报。为了考虑参与这种有风险的“游戏”，实际上你必须预期“成功的”项目每投资 100 美元赚取超过 50 美元，这事实上是相当高的投资回报。孤立来看，你可能甚至会说，这个项目赚取了“令人讨厌”的利润。但是，“令人讨厌”的利润水平是使整体投资组合有价值所必需的。

这个例子实际上低估了许多研发投资中的风险，因为它假设“失败”赚取零投资回报，这意味着如果你投资 100 美元，你最终“只有”100 美元。但是，许多研发投资产生的是巨大的负投资回报。也就是说，你可能投资 100 美元，并将这 100 美元都损失了。我们很容易看到，如果投资组合的整体投资回报必须充足，那么这种可能性甚至进一步增加了必须在“成功”上赚取的利润。我们再次以制药行业为例。对新药研发的研究估计，如果你为可能的临床使用筛选 5 000 到 10 000 种化合物，平均来说，这些化合物中有 250 种显示出足以期望可以投入到临床前试验。在这 250 种化合物中，有 5 种化合物将显得非常有希望进入临床试验；剩余的化合物简单地被抛弃。临床试验是真正花大钱的地方，一般地每种药品超过 5 亿美元。[11]在这 5 种经过昂贵的临床试验的药品中，平均只有一种能得到 FDA 的批准。而且，当然，FDA 的批准并不能保证巨额的利润，许多得到批准的药品只有很

小的市场。如果我们将临床试验和市场阶段的失败风险组合起来，那么这些昂贵的试验努力中的80%都完全损失，不会成为得到FDA批准的产品；大约14%可以成为获得FDA批准的产品，但并没有赚取足够的利润来补偿它们自己的开发成本；只有6%赚取足够的利润来补偿它们自己的投资成本，而且当然，这6%还必须赚取足够的利润来支付其他94%试验过的化合物中的所有损失。[12]

一般而言，公司的经理和投资人都不喜欢风险。人们很少进行风险投资，所有的人都一样。所以，与研发关联的高风险倾向于阻止公司进行这样的研发，即使奖励相当高。当与其他形式的花费（例如，在已有品牌更深入的市场营销上的支出）相比较
43 时，在新技术中的投资由于其风险性而处于不利地位。另外，当企业建立一个新工厂或购买一些新设备时，通常情况下它不会担忧其竞争对手会来窃取设备。当一个企业在研发中投资时，它希望能从它正在“创建”的资产中获得利润，就像它建立一个工厂时所期待的。但是，用研发所建立的资产是无形的。由于是无形的资产，它就更容易被其他公司窃取。

这就是专利系统可以利用的地方。你能够为你更好的捕鼠器申请专利的能力使你能够在自己的思想周围建立保密围栏，与你可能在你的工厂周围建立的保密围栏类似。与任何围栏类似，虽然它将不能必然防止任何盗贼，但它将使盗贼更难以得逞，因此使财产更安全。而且当得知可以通过围栏保护他们研发所“创建”的无形资产时，人们更愿意承担风险从事初始的无形资产“创建”活动。

美国宪法授权国会建立专利系统，规定目标是“促进科学和有用的工艺的进步”。这通常被解释成为发明者创造激励因素。而且这些激励因素是很重要的。但是，正如药物开发例子中所描述的，向初始发明火花点燃之后必须做出的投资提供激励因素至少同样重要。专利保护个人或公司在思想发展中的投资，同时它们也保护发明本身。在这方面，正如在许多其他方面一样，制宪

元勋们表现出令人赞叹的远见卓识。虽然美国在 18 世纪很大程度上是农业和手工业经济，但建立在宪法基础上的专利系统为技术进步提供了基础，正是这样的技术进步推动着美国在 19 世纪和 20 世纪占据了全球技术优势地位。

总之，我们希望在技术创新中投资。我们不认为使用公共基金进行所有或大部分这样的投资会良好运作，所以我们需要为个 44
人和公司提供激励因素使他们做出这样的投资。如果新产品很成功，那么被模仿的可能性会使这样的投资风险很高，因此如果缺少防止被模仿的手段，我们担心私营部门将不会向研发投入足够的资金。专利提供了这样的机制，虽然我们不久将看到，即使是功能最强的专利系统都不是免费的。

在过去两个世纪中，专利在许多最重要的发明中发挥着重要作用。托马斯·爱迪生拥有数千个专利，而且他所持有的专利在使他成为最著名的人士的许多发明的商业化过程中发挥着重要的作用。当然，在许多情况下，我们很难知道如果发明没有被授予专利，事情将变成什么样子。很明显，若没有专利的保护，发明永远不会进入市场的一个案例是复印机，更为人所知的是“施乐”复印机。[13]事实上，专利系统以两种截然不同的方式作用于该发明。切斯特·卡尔森（Chesfer Carlson）在 P. R. Mallory 公司的专利部门工作，这是一家大萧条时期的小型电气元件制造商。他工作的一部分是谨慎小心地复制专利文件中的正文和图像——他发现这项工作极度乏味。这种单调乏味促使卡尔森尝试开发一种机器来做这样的工作。

当时，已经有了照相机，但照相技术很麻烦，而且昂贵。在纽约公寓的厨房里，卡尔森开始尝试开发一种干式复制技术。在 1937 年，他将其关键的技术思想申请了专利，该技术今天仍然是许多复印机（和计算机打印机）的基础：使用静电模式将干油墨的微小颗粒粘贴在表面上，然后使纸张通过该表面就形成了图像。（我们今天为这种粉末状油墨使用的单词“增色剂”是施乐公司发明的——但我们提前在这个故事中使用。）

我们更年长的读者无疑会回想起在 20 世纪 30 年代后期以及整个 20 世纪 40 年代和 50 年代，办公室工人仍然围着饮水箱而不是施乐复印机聊天。事实上，直到 1960 年第一台成功商用的办公室复印机哈罗依德-施乐—914（Haloid Xerox 914）推出之后，
45 情况才有所改变。出现 20 年延迟的原因是，提出干式复印概念关键技术的理解并不是构建可工作干式复印机的真正困难之处。真正的难题是设计和构建价格合理的、尺寸适当的机器，这样的机器可以使纸张往来于复印表面，并且能够以不会产生太多随机静电以至于破坏该过程的方式完成复印。卡尔森自己在这方面用了近 10 年时间。（当时他的妻子将他驱逐出厨房，他只能在岳母的美容院后面工作。）但是，这些问题直到该项目由位于纽约罗切斯特（Rochester）的一家摄影服务公司接管之后才成功解决，这家公司后来称作哈罗依德公司。哈罗依德看到了公司的传统业务增长潜力不足。在寻找新的业务的过程中，偶然发现了卡尔森的工作，并且将公司的未来寄希望在这上面。他们在 1946 年获得了卡尔森早期专利的使用许可，并且开始用公司每年纯收入的四分之一开发基于卡尔森的“电子照相术”的切实可行的办公室产品。

虽然这项研究用了 15 年时间，但这个赌注最终成功了，哈罗依德最终将它的名称改为施乐公司，该名称来自希腊语 xeros（干式）和 graphos（写入）。当然，在使施乐能够在该创意上赚钱的 914 模型成功之前，卡尔森的专利就已经期满了。但是，在研究过程中，哈罗依德/施乐已经对使系统发挥作用的许多子技术申请了专利。甚至在电子照相术基本专利期满很久之后，施乐在干式复印技术中仍然保持着强大的专利地位。20 世纪 70 年代初，联邦贸易委员会为此对施乐垄断复印机市场（它所创造出的市场）的做法提起诉讼，施乐公司通过同意对其部分专利许可使用解决了诉讼。[14]

你不会将公司押在如果取得成功你却无法“拥有”的购买赌注上。虽然洞察力、坚持、知识和运气都是长期努力研发复印机

过程中的重要因素，但专利也是必不可少的。切斯特·卡尔森在
厨房和美容院艰苦工作的形象符合我们的发明神话。但是，哈罗
依德/施乐取得成功的 15 年辛勤劳作是花费时间金钱将发明者灿 46
烂的火花商业化的典范。而且如果没有专利保护，这一切都不可
能发生。

简单的案例太简单

上述对专利需求性的解释包含许多事实，但它也遗漏了一些事实。它所遗漏的事实可以划分为三个类别：

1. 公司有其他方法防止模仿，所以专利只是公司能够用来保护它们的创新利润的工具箱中的许多工具中的一种。

2. 发明不会孤立发生。不同公司的发明相互重叠，并且相互依赖。这意味着如果一家公司得到专利，它可以延迟或压制其他公司可能进行的发明，因此遮蔽了专利对技术进步的整体影响。

3. 一些公司和个人将专利当作威胁他人财产的手榴弹，而不是仅仅保护自己财产的安全围栏。

保护新产品和新工艺的其他手段

在一些情况下，权利人可以通过保密措施来防止或至少压制模
仿。比如，亚特兰大有一处安全的地方据说是可口可乐配方的存放
地。这种配方没有得到专利，但其他人无法准确复制可口可乐。因
为该饮料是复杂的天然物质的混合物，不可能通过简单分析其材料
来复制。同样，微软并没有发布其 Windows 操作系统的源代码。
即使 Windows 的组件没有专利保护，实际上未来的模仿者也不可
能精确复制该系统。[15]作为一个法律问题，“商业秘密”是一种截
然不同的知识产权保护形式。如果公司做出适当努力防止对其业务
有价值的秘密信息被披露，那么以某种方式获得这样的商业秘密的
员工或竞争对手如果试图在商业上使用这样的商业秘密，就有可能 47

被起诉。这种保护完全不同于专利提供的任何保护。商业秘密在保护新技术工艺，而不是新产品方面特别有价值。

公司可以不用专利就能够保护创新的另一个方式是通过先进入者优势。正如在上面讲述的捕鼠器模仿故事中提到的，一旦竞争对手注意到你的成功，并且生产出复制品，它们就能够抢走你的许多客户。但是，因为你是拥有这项创新的人，你首先进入市场。有时候，仅首先进入就足以拥有持久的超过其他人的优势。这样一种优势能够出现是因为消费者一旦购买了一种类型的产品，并且变得依赖这种产品，那么他们就不愿意更换品牌。这样的不愿意正是人类的部分本性，在众多小说题材中都体现出这种本性，例如“如果没坏，就不修它”和“不要在中途换马”。这些不乐意更换的情况也存在直接的经济基础，即在你购买和使用之前很难或不可能验证商品的质量。已经投资于一个品牌，并且了解到它对你很适合，那么使用另一个未知品牌的代价会很昂贵，而且要冒失望的风险。一旦你已经发现了确实有效的捕鼠器，为什么要在仿造品上浪费时间呢，即使该仿造品在包装上看上去与前者一样？[16]

先进入者优势通常由于品牌忠诚而扩大。新捕鼠器的推出可能伴随着广告活动，宣传活跃的鼠类畏缩着害怕新的MouseStomper®（捕鼠器的名称）。公司的目标是使消费者自然地将MouseStomper®与新技术联系起来。如果产品真的有用，如果在一段时期内没有其他能够匹敌的新技术，而且如果广告活动确实吸引人，那么会有大量的消费者表现出对该产品的忠诚，并且当仿造者跟进时，也不会离弃该品牌。

公司使用商业保密、先进入者优势、品牌忠诚度和其他战略来保护它们的创新能力，这意味着创新在没有专利保护的情况下，并
48 不会削弱到完全停止。事实上，大量重要的发明都没有申请专利，或者虽然申请了专利，但该专利保护实际上对它们的商业成功来说并不具有实质重要性。这并不意味着专利不重要，而是说明它们对维护新技术流的重要性随着不同的行业和不同类型的公司而变化。

累积和相互重叠的创新

想象一下你已经购买了一个新的 MouseStomper 捕鼠器，并且将它放在你的厨房中。它比你此前使用的任何捕鼠器都好，但是，有时老鼠仍然逃离馅饼。你希望知道为什么，所以你用了几周时间藏在你的杂物间中，在那里，你可以观察 MouseStomper 的工作情况，却不会把老鼠吓跑。不久，你就发现可以使该捕鼠器更有效的一个改进。

我们并不是特别想鼓励人们在他们的杂物间中浪费大量的时间，但我们都鼓励对已有技术的改进。而且，正如“原始”创新案例所展现的，提出和完善改进措施既耗费时间，又耗费金钱。所以我们需要有良好的激励措施。

很显然，发明并销售一种既定技术的公司必然有改进技术的动机。但是在许多情况下，它们可能不是处于做出技术改进的最佳位置的公司。正如在杂物间例子中显示的那样，通常，消费者对产品改进有好的主意。一般地说，一个 MouseStomper 的竞争者可能不仅仅模仿新技术；实际上它们可能设计出使产品更有效的方式。所以，我们如何为人们创造出广泛的激励措施使其投资于产品或技术的改进呢？

明显的答案是对技术改进授予专利，而且如果技术改进包含一些未被基础技术专利涵盖的思想，那么这样的专利确实应当被授予。这看起来很公平，但是实际上执行起来很复杂。为了使原始发明的专利有用，专利所有者必须拥有一定的自由来改进发明，而且仍然使它能够被原始专利覆盖。但是，如果这样的自由 49
范围很宽，那么许多改进可能归入原始专利中。所以，存在一种折中方案：授予广泛的专利保护会为“原始”发明提供最大的激励措施，但它可能实际上阻碍改进。

在奖励开拓性发明和允许改进之间折中的经典例子是爱迪生电灯泡。爱迪生在 1880 年获得了白炽灯的基本专利。在未来几十年中，人们对这项专利的有效性和范围产生过许多争论。许多公司提供竞争性产品。许多这样的产品对灯丝和灯泡本身的设计进行了重要改进，而且使灯泡的成本稳步下降。随后，在1891年，爱迪生通用电气公司赢得了对它的竞争对手美国电气照明公司的侵权诉讼[17]，而且后来又赢得了对许多竞争对手施加的禁令。此后电灯泡的改进过程发展缓慢，直到该专利到期，才允许竞争对手重新进入并恢复他们改进爱迪生设计的努力。[18]现在，爱迪生的发明的确是创新性的。而且爱迪生和他的助手用了大量的时间和金钱来试验不同的材料，直到他们用碳丝取得成功，这证明了一项允许在发明上赚取大量利润的专利的正确性。但是，承认爱迪生的专利和执行专利的行动的合法性，这一点与认可因此所产生的垄断暂时抑制了该发明的后续创新和该行业更广泛的发展的观点并不矛盾。

原则上，拥有改进重要发明的良好主意的后续发明者理应能够与原始专利所有者达成协议，以允许对专利进行改进。这可以通过许可改进者使用原始专利，或者通过将专利改进出售给原始专利持有人或者允许其使用来实现。毕竟，如果专利改进确实很好，原始发明者和改进者都有动力看到它得以实现。但是，实际上，这样的协议通常很难达成。在莱特兄弟将他们的飞机的稳定
50 性和转向系统基本设计申请专利之后，其他许多人都希望致力于实现大量的各种不同的飞机设计思想。但是，莱特兄弟拒绝向任何人发放许可证，而且长时间对许多设计者提起诉讼。[19]随着美国加入第一次世界大战，美国政府实际上强迫主要的飞机制造商，包括莱特公司，将它们的专利一揽子（a package）发放许可证，以确保飞机的快速制造和新设计的开发。这种“专利池”建立之后几年之间，众多不同飞机概念的快速发展显示出开拓性的专利——与发明者不情愿或无能力和他们的技术追随者开展合作相结合——暂时阻碍了技术的发展。

因此，提供强大的专利权以鼓励突破性创新与这种保护可能抑制后续改进的发展之间存在着内在的紧张关系。[20]公司通常或多或少平行进行相关的研究，这一事实导致了另一个相关问题的产生。多家公司可能都申请了实际上是相同的思想或相同一组思想

的不同版本上的专利。原则上，应该出现的情况是，每一家公司都有资格只为它们的创造中独一无二和真正具创新性的方面（如果有的话）申请专利。实际上，这是非常难以做到的。可能的情况是，每一家申请专利的公司在描述其发明时，对有关其他公司的发明是否包括在内留出了相当大的模糊空间，那么每个公司都将获得专利。结果是，所有的公司都可能遭遇有关它们能或不能合法销售产品的不确定性。在面临潜在重叠专利授予时，与将新产品投放市场相关的风险增大了，而不是减小了，因为结果不确定的昂贵的诉讼增加了其他担心。[21]因此，在这样的案例中，专利系统可能起到抑制而不是鼓励创新的作用。

有时，平行开发会产生这样的情况，即问题并不是在专利权方面有很多不确定性，而是不同的专利权对彼此的妨碍。在无线 51
电历史的初期，英国发明家马可尼（Marconi）拥有无线电广播的基本专利，而且也收购了在二元件真空管或二极管上的另外一项专利（我们中的一些年龄大的人还记得无线电和电视曾有过的电子管时期）。二极管是至关重要的和基础的发明，但是，它得到了李·德福雷斯特（Lee De Forest）发明的三元件真空管或三极管的改进。美国电报电话公司（AT&T）拥有三极管的专利。法庭裁决，三极管是对二极管的改进，因此，美国电报电话公司和李·德福雷斯特在没有得到马可尼控制的二极管专利许可的情况下，不能使用三极管。马可尼拒绝授予这样的许可证，但当然，他自己在没有得到美国电报电话公司许可证的情况下，不能制造三极管，而他也没有得到这样的许可。结果是，被广泛看做重要改进的三极管在一段时间内无法使用。[22]所以，我们再次看到了这样的情形，即专利权阻碍了技术的改进，而且尽管各当事方面临着使用许可证协议解决问题的激励因素，但仍然没有达成协议。显然，发明者是一群顽固的人。

所以很难做出正确的选择

总之，制定能够创造出创新激励因素的制度是问题的关键。

由于创新过程的内在风险性，专利在许多情况下至关重要，它提供足够的保护以使发明者愿意投入资金开发新技术。但是，专利是迟钝的工具。由于技术进步的复杂性，专利制度所创造出的独占性有时将阻碍，而不是鼓励竞争。这意味着在最好的情况下，专利系统是竞争目标之间的折中。

但是，不能要求一步到位。建立专利系统可能会更好地将麦粉与麸子分离，起着甄别优劣的作用，这会减少提起诉讼的动机。在更详细地诊断疾病并且开出处方之前，我们用一个例子对本章加以总结，这个例子再次强调当系统运作良好时，专利是多么有价值。

人们期望事情进行的方式

52 也许在21世纪新经济中，霍华德·邓宁柏（Howard Dananberg）不可能在关于创新政策的书中成为主角。[23]邓宁柏医生是新罕布什尔州贝德福德的一名脚病医生。他生活的目标是减轻人们的脚部受到的伤害。为此，邓宁柏医生对许多与鞋的设计有关的发明申请了专利。在1998年7月，他得到了美国专利号为5782015的“舒适高跟鞋”专利。本书的作者对这种鞋没有任何个人经验，但我们被告知，许多人认为短语“舒适的高跟鞋”自相矛盾。但是，邓宁柏医生喜欢挑战，并且对高跟鞋导致身体重量被人脚的不同骨头支撑的方式进行了科学分析。根据这种分析，他开发出一系列描述鞋的内底设计依赖于鞋跟高度的公式，以便尽可能均匀地分配穿鞋者的重量。这些公式事实上就是专利号为5782015的专利的标的。

如果该专利实际上发挥作用，那么我们很难想象有比它更好的例子来比喻“更好的捕鼠器”。世界尚未为邓宁柏医生的发明铺平道路。但是，邓宁柏医生和他的同事怎样试图着手建设这样的“道路”的故事对于专利能够在新技术的商业化过程中发挥关键作用是有启发意义的。

如果邓宁柏医生确实制作出舒适的高跟鞋，那么他就应该能够出售这些鞋，并且因此赚很多钱。（有趣的是，邓宁柏医生实际上关注的是减轻人们的脚部受到的伤害，而不仅仅是赚钱。当然，这稍微有点偏离故事的主题。）所以在1997年，邓宁柏医生创建了一家名为HBN鞋业的公司，以将他的技术商业化。但是，为了出售鞋，除了将它们的鞋内底设计得舒适之外，你还需要做许多事情，如必须能够设计出时髦的鞋，必须能够制造鞋，而且必须能够将鞋投放到市场上，以使女性能够购买它们。

毫不令人惊奇的是，作为一家创始公司，HBN鞋业公司并 53
没有处于非常好的境况中来做任何这些事情。它最初很天真地尝试仅仅制作一些真正舒适的鞋，并且将它们提供给鞋店。但是，这些创始人并不知道鞋的样式或相互关系的本质，正是通过这些，制鞋商将HBN的鞋投放到鞋店中。所以，在无法制作和出售鞋之后，HBN将其鞋设计技术的许可证提供给专业的制鞋公司。正是与这些公司进行的制造鞋和鞋的部件的协议协商使得这些公司使用邓宁柏医生的设计制鞋，并由诸如Nordstrom这样的零售商出售它们。在这些协议中，HBN将对每一双售出的鞋收取少量专利使用费。通过发放技术许可证，而不是试图直接制鞋卖鞋，HBN极大地开拓了新技术的潜在市场。零售鞋市场高度分散：在每年出售数亿双鞋的全球市场中，只有不到十个美国女鞋品牌每年的销售量超过100万双。因此，如果HBN自己进入这个市场，它甚至完全不可能使它的鞋占据女鞋市场哪怕是极其微小的份额。但是，通过提供许可证，HBN可以与多家本来会成为竞争鞋品牌的公司进行合作，而不是竞争，因此，其市场渗透的范围没有任何根本性限制。

HBN拥有该技术的专利这个事实对该过程来说至关重要。将这些鞋投放到市场中不仅仅是向Nordstrom展示这一技术并且签署合同这么简单。HBN必须花费数百万美元寻找实现该发明的方式，以使它与当前的鞋业生产方法兼容。然后，它必须做出样品，购买模子，并且与制造商合作以确保技术得以正确实现。

在其最乐观的预测中，从花费这笔钱到能够从许可证协议中赚取任何利润也需要几年时间。为了得到使该技术在商业上切实可行并且将其投放到市场中所需的资金，HBN 必须使潜在投资人确信，一旦产品在市场中出现，HBN 将赚取足够的专利使用费以产生有吸引力的投资资本回报率。

54 如果没有专利，那么在该发明上得到投资回报的前景如何呢？让我们考虑一下上述描述的其他机制，保密将不起作用：（因为）为了发放技术许可证，HBN 必须完全教会其他公司如何使用该技术。（事实上，由于该技术事实上结合到鞋中，HBN 与鞋的部件制造商、制鞋商和鞋的零售商签署了单独的许可证协议。）而且甚至在签署许可证协议之前，它就必须向潜在被许可方出示有关该技术的充分信息，以使它们确信，该技术是值得进行许可证交易的。所以，HBN 不可能像可口可乐公司那样，将配方锁在保险柜里就可以使该产品投放到市场中。

HBN 也许有一些先进入者优势，但女性在购买鞋之前在商店中试穿鞋的事实严重限制了这种优势。如果其他人窃取了该技术，并且宣称他们的高跟鞋同样舒适，那么喜欢 HBN 鞋的女性可能会在商店中试穿仿制品，并且体验仿制品是否真正舒适。HBN 正在试图培养品牌忠诚度。它已经将该技术起名为 Insolia™，并且创造出一个标识，在标识中，单词“Insolia”画在鞋形的文字中：它们的许可证协议要求将该符号标记在所有的鞋上。HBN 希望这种符号广为人知，且女性将在购买鞋时寻找该符号。但是，这需要时间：在最好的情况下，它可能有能力在专利到期之后保护 HBN 的市场地位。在缺乏专利保护时，很难想象对这样一个新的和未知的品牌的忠诚度足以防止早期模仿。而且鉴于 HBN 的创始状况，如果专利不能阻止简单的早期模仿的威胁，那么它就不可能筹集到将产品投放到市场中所需的资金。

总之，邓宁柏医生的发明通过向已有高跟鞋制造商和零售商广泛发放许可证，提供了使女性受益的可能性（更不必说偶然的男扮女装的人）。也许好的医生都有足够的动机进行他的初始发明，即使他无法为其申请专利，因为他实际上是受到根除脚部疼痛的意愿的推动。但是，正如典型情况所展现的那样，将这个思想从纸面上转变到女性的脚上需要大量投资。在缺少保护产品的市场地位以提供合理的利润前景的机制的情况下，这样的投资将 55
不可能做出。在类似的案例中，当技术虽然保密却无法商业化时，或者当拥有伟大创意的公司是初创者的事实排除了依赖先前存在的市场地位的可能时，专利保护可能是筹集投资基金将伟大的创意商业化的关键所在。

期待幸运结局

我们仍然要拭目以待，看看未来是否会有数以万计时髦的女性舒适地穿着 Insolia 鞋。对这一目标至关重要的一点是，专利系统提供的保护已经使 HBN 能够进行尝试。当然，每一家像高通或生物基因公司这样的公司，都有数十家其他新兴公司也在各自专利的基础上筹集资金，并试图用这些资金将它们的产品商业化，只是最终失败了。但是，许多新技术“鱼”努力向上游游动以在市场中大量产卵，但只有少数的“鱼”实际上实现了目标，这个动态过程是我们现代经济的精髓。在许多情况下，正是专利（提供的）保护允许它们去尝试。

所以，无论我们的发明英雄是否设法克服了在他们面前的所有障碍，他们的专利都发挥了值得尊敬的、为社会所需要的功能，使他们能够进行尝试。人们完全可以看看任何现代化家庭、办公室或工厂的周围，看看我们认为理所当然的各种产品，如果它们的开发者没有专利保护以使将新技术商业化所需的投资切实可行，那么这一切都无法进入市场。不幸的是，在英雄手中发挥有益作用的武器在其他人手中有可能具有破坏性作用。我们现在转过头来看看专利保护的黑暗面。

第2章　专利的黑暗面

56 不同公司持有的相关专利的准确覆盖范围存在相当大的模糊性的情况是很平常的。通常，持有这些专利的公司试图和平相处，就像两家并不准确知道将他们的草坪分开的界限在哪儿的邻居一样，但他们对此并不非常担心，因为他们都有足够的空间享用他们的后院。然而，正像一些人看起来不能与他们的邻居相处融洽一样，一些公司看起来越来越希望挑起专利权大战。甚至更令人担忧的是，一些公司很明显没有将专利当作防御性武器（用于保护公司的创新不受其他公司模仿的影响），而是挥舞着这些专利作为攻击性武器（用来威胁和中断竞争对手当前和未来的商业计划）。

过去 20 年中专利诉讼不断升级的部分原因可能是由于社会存在日益偏好诉讼的一般发展趋势。部分原因也是由于申请专利的升级；专利越多，专利的斗争越多。但是，也有少量的自然力量在起作用。随着 CAFC 的建立，并且其裁决使专利权人更容易胜诉，起诉的激励因素一步步增加。而且专利商标局不堪重负， 57
其审查标准的灾难性变质（导致其授予的一些专利如同）已经播撒了数千项臭名昭著的专利杂草种子，它们彼此争斗——而且与有价值的花卉和蔬菜争斗——以占领花园。在本章中，我们将描述这种令人不快的场景的代价昂贵且极具破坏性的后果。

“阁楼上的伦布兰特”

1982 年 CAFC 建立之后不久，各个公司开始懂得，专利权人在法庭上的成功几率正在增加。这导致的部分结果是，许多公司开始在诉讼中为它们已经持有一段时间但先前并未积极施行的专利主张专利费用。尤其突出的事例是，半导体公司得州仪器（TI）成功地就其多项与集成电路设计和制造有关的专利主张权利。在 20 世纪 80 年代以前，半导体行业不是一个将专利保护看做是重大竞争因素的行业。各个公司对它们研究的各个方面申请专利，但是传统理论为，由于太困难以至于无法将专利与特定产品联系起来，而且产品相对于专利来说变化太快，以至于无法有效使用专利来获得创新的经济投资回报。人们认为通过强大的先进入者优势能够更好地保护这样的投资回报。与这样的事实相对应，得州仪器在 20 世纪 80 年代中期决定就它的投资组合中的许多专利对它的竞争对手提起诉讼时，它实际上没有得到任何许可证收益。然而（得州仪器公司的）这种战略十分成功，以至于在 1999 年，公司就从专利许可证收益中赚取大约 8 亿美元，该收益占得州仪器净收益总额的 55%以上。[24]

由于注意到了得州仪器取得的成功，其他公司开始系统地研究它们现有的专利组合，试图找到它们可能挖掘出并对竞争对手提起诉讼的宝石矿藏。1999年，一本广受议论的书督促各个公司寻找“阁楼上的伦布兰特”以获得竞争优势。[25]虽然这种战略对
58 许多公司来说都有利可图，但是它并没有显示出会促进创新。如果这些杰作在它们最初创作完成后被束之高阁，那么我们很难认为对它们的专利保护是公司最初创造它们的动机的重要部分。利用这些被忽视或被废弃的专利赚取利润更像是公司的意外所得，而不是研究动机。更糟糕的情况是，这些隐藏专利的出现破坏了正在进行的创新过程，因为那些原本认为自己对技术拥有控制权的公司发现它们欠下了别人的专利使用费。而且，正如在下面将会进一步讨论的，它已经导致半导体行业的一种专利军备竞赛。

最近一次企图重新使用“阁楼材料”并试图从中发一笔横财的事件是英国电信（BT）宣称1989年的一项专利包括万维网上“超级链接”的执行。超级链接是那些突出显示或带下划线的文本，当你单击它们时，它们就可以魔术般地转移到另一个网站。超级链接是网络操作方式的核心，如果英国电信可以从每一个使用超级链接的人那里收取专利使用费，那么它就能够购买全部伦布兰特收藏品。

英国电信1989年专利是为中央计算机和通过电话线与终端连接起来的远程终端时代开发的“可视图文系统”技术申请的。[26]以20世纪70年代这10年中所做的研究为基础，1980年英国电信提出申请专利。该技术描述了终端上的用户在屏幕上识别一些与位于远程中央计算机的一大块数据关联的正文，而且，通过标记这样的正文，就可以将数据从远程计算机传输到用户的终端上。在2000年12月，英国电信对互联网服务提供商Prodigy提起诉讼，声称其侵权。如果英国电信赢得这场诉讼，那么它就可以从所有网络用户那里收取专利使用费。幸运的是，该案件的判决认为，这项1989年专利的相关权利请求只覆盖连接到专用远程终端的单一中央计算机，并且批准Prodigy所请求的裁决，即这种权利请求的描述并不适用于互联网，因此不存在侵权。[27]

因此，最后，法院看起来已经压制了这种特殊的权利霸占。但是，该案件使人惶恐的地方是，英国电信对专利前景当前状况的评估为它提供了充分的获胜希望，以至于它认为值得提出这样的 59
诉讼。而且，正如我们将要看到的，这并不是孤立的诉讼。

当专利前景变得错综复杂

得州仪器对其现有专利组合的积极研究从根本上改变了专利在半导体行业中使用的方式。该行业中专利存在的问题是不同公司开发的技术之间有太多的重叠，以至于很难在不潜在侵犯其他公司持有的专利的情况下，将任何产品推向市场。单一产品——特定的半导体“芯片”——可能包含数十项专利覆盖的技术，而且对每一项专利来说，都可能与其他公司持有的相关专利存在冲突。如果对每一项这样的专利提起诉讼，那么该行业将骤然停滞。甚至对每项这样的专利协商许可证协议都将很复杂和耗时。因此，当得州仪器成功地通过要求为其多项专利支付专利使用费而改变该行业的文化时，该部门的整体创新过程受到了威胁。

交叉许可作为避免诉讼的一种方法

但是创新仍在继续。主要公司之间普遍实行的签订广泛的“交叉许可”协议的实践促进了创新过程。[28]在交叉许可协议中，每一家公司列出它所拥有的大量专利。根据该协议，双方公司通常都被允许使用列表上的任何专利。每一家公司都向另一家公司授予广泛的许可来使用它申请专利的技术。如果两家公司拥有的专利权具有类似的规模和质量，那么该协议可能不会涉及资金转手。事实上，每一家公司都只是将它的专利使用权与另一方的专利使用权进行交换。如果一家公司的专利权组合被判断为质量低一些，那么有时会存在某种形式的付款以补偿这一差异。大型半 60
导体公司一般会与许多其他公司达成这样的交叉许可协议。这意味着该公司可以在不必担心出现与该协议覆盖的大量专利有关的侵权诉讼的情况下设计自身的产品。

普遍依赖专利的交叉许可对与技术“标准”有关的技术来说尤其重要。技术标准对许多电子技术来说很重要，因为不同制造商制造的元件需要彼此相互连接和相互作用。不同的蜂窝电话需要能够通信；不同的存储卡需要在不同的计算机上工作。典型的情况是，一个行业协会或其他标准制定机构确定技术参数，这样，符合标准的技术将发挥作用。现在，根据定义，符合给定标准的不同产品拥有某些共同的技术要素。这些技术要素被不同的专利覆盖，以至于专利所有者不得不广泛授予许可证，否则就丧失了制定统一标准的意义。虽然仍然存在一些突出的案件，在这些案件中，个别公司试图通过对标准的一些关键要素申请专利来占领一项标准，然后起诉侵权情况或者提出大量专利使用费要求，但标准制定机构试图确保任何一项得到普遍认可的标准中获得专利的要素能够基于合理的条件授予许可证。[29]

交叉许可限制竞争

虽然普遍实行的广泛交换许可证这一做法允许在半导体和相关行业中的创新继续进行下去，但它提出了这样的问题，即专利是否实际上提供了任何有用的功能。如果每一个人都向其他任何人授予使用其专利的许可证，那么为什么要这么麻烦地申请新技术专利呢？部分答案似乎是，各个公司就像军备竞赛中的国家一样：由于交换许可证协议的条款是由各家公司的专利组合的规模和质量驱动的，每一家公司都希望拥有最好的组合，以在交换许可证的协商中占据优势地位。

当然，如果每一个人都疯狂地申请专利，那么没有任何公司
61 的组合会超过其他公司的组合，这样，就没有人能够真正获益。但是，如果任何一家公司都决定不申请专利，那么它在许可证协商中将只有很少的东西或没有任何东西拿来“交易”，而且它将必须支付大量的专利使用费以确保能够使用其他公司的技术，而

且它可能被排除在整个游戏之外。总体来说，如果所有的公司都停止申请专利，那么它们可能全都会从中获益，但要同时改变所有公司的行为是绝不可能的。（像“军备控制协议”那样各方都正式同意不申请专利的文件将有可能违反反托拉斯法。）

先前的讨论表明，普遍密集地申请专利伴随着普遍的交叉许可协议，这是一种浪费时间的行为。在一些情况下，它可能比浪费更糟糕——它可能通过消除用新技术进行竞争的激励因素来抑制竞争。如果我们能够确信我们可以使用来自交叉许可协议的合作伙伴的大量新技术，那么我们可能就感觉不到强烈的压力来发展我们自己的新技术。最糟糕的是，各公司可能利用交换许可证协议共同控制市场。

使用专利交叉许可抑制竞争的极端恶劣的例子是Summit技术公司和VISX达成的专利池协议，它们是光折射角膜切除术的开拓者，该技术更多地被称作激光眼部手术。[30] Summit和VISX都有关于该技术的专利，并且它们都相信彼此都有被指控侵犯另一方专利的危险。但是，它们不是达成上述类型的简单的交换许可证协议，而是创建了一家联合拥有的合伙公司。每家公司都将自己专利的大部分控制权交给合伙公司。另外，它们同意只有合伙公司才能够向第三方发放技术许可证，而且两家母公司都必须批准任何这样的授权许可。事实上，这使每一家公司都可以否决另一家公司向第三方发放技术许可证的任何努力，从而有效地消除了它们之间提供此类许可证的竞争。最终，每一家公司都必须为使用其设备进行的每一次手术向合伙公司支付250美元的最低报酬，这样就有效地在与希望使用该设备的医生可能达成的专利 62
使用协议中制定了最低限价。联邦贸易委员会（FTC）在1998年对该项协议提出质疑，认为它反对竞争，并因此违反了联邦贸易委员会法规的第5部分。[31]这两家公司通过解散专利合伙公司，并且用简单的交换许可证协议替代这种合伙公司，与委员会达成了妥协。

交叉许可证并不是半导体行业中专利的全部故事。使交叉许可证发挥作用的是两家公司之间的对称性或近似对称性。大型公司在它们面临被起诉的风险方面和在它们威胁起诉的能力方面大致对称。被起诉的风险来自市场上的已有产品，而且重要的是，在这些产品中捆绑着大量的资本投资，如果产品受到威胁，公司将会面临损失投资的风险。但是，半导体行业的一个重要组成部分是设计新的半导体芯片但不制造任何芯片的小公司。这样的公司没有被起诉的风险，因而也不会从交换许可证协议中获得任何利益。对它们来说，专利提供了更传统的功能，就像舒适的高跟鞋这个例子，由于设计公司不会制造其新芯片，所以它只能通过确保从将要生产和销售芯片的一些其他公司那里获得专利使用费来收回设计芯片的成本。因此，对这样的小型设计公司来说，专利保护至关重要，它能够保证公司向产品创新投资。

当小公司——一般为新进入的创业者——向市场推出新产品时，就出现了更有问题的不对称。由于这样的创始公司在市场上推出产品，要面临来自已有公司的侵权诉讼的危险。然而由于它可能拥有的技术基础相对狭窄，在协商交换许可证时处于劣势。已建立的公司可能拒绝和这样的小公司交换许可证，或者要求它们支付大量专利使用费来交换许可证。较小的创始公司可能无法承担大量专利使用费——即使得到财力最雄厚的风险投资家的资助也无济于事。或者，如果拥有重要新技术的新进入者必须对该新技术进行交叉许可，以避免因新技术实现与现有系统兼
63 容而依靠或使用的老技术而引起的侵权诉讼，那么它就可能被迫丧失技术优势。

小公司在协商交换许可证过程中面临的困难可通过莱克沙媒体股份有限（Lexar Media，Inc.）公司的例子来说明，这是一家用于数码照相术的小型闪存开拓者。[32]“闪存”技术——可与个人电脑、Palm Pilot 或数码相机一起使用的小型可拆卸存储卡——在 20 世纪 90 年代被开发出来。Sandisk 公司在 1993 年申请专利，在 1997 年获得专利，它的专利覆盖可拆卸存储设备——存储控制器位于可拆卸卡上。许多主要的半导体公司都与

Sandisk 签署了交叉许可协议，允许它们在无须担心侵犯 Sandisk 的专利的情况下，生产小型闪存产品。但是莱克沙未能与 Sandisk 达成协议。因为协商过程是保密的，所以人们不知道其中的原因。但是，可能莱克沙较小的专利组合使它的议价能力比英特尔或其他大型半导体制造商小得多，同时，它又不愿意向 Sandisk 发放其数码照相术专利的许可证，因此它丧失了在该市场的部分优势。

Sandisk 在 1998 年起诉莱克沙侵犯专利。莱克沙提出反诉，宣称 Sandisk 侵犯了莱克沙的一项专利。2000 年 3 月，该案件的法官认定莱克沙促成侵权方面有罪，因为它的数码照相产品促使消费者每次使用莱克沙卡时，都侵犯了 Sandisk 的 1997 年专利。但是，法官拒绝裁定 Sandisk 专利的有效性，将这个问题留给审判中的陪审团。在法官解决该案件的高压下，Sandisk 和莱克沙最终在 2000 年秋季达成了交换许可证协议。在该协议中，莱克沙承认 Sandisk 的专利有效，并且市场上莱克沙的闪存产品侵犯了 Sandisk 的专利，它到 2001 年 3 月为这样的侵权支付 800 万美元的专利使用费，并且莱克沙同意今后为继续使用 Sandisk 技术的某些产品支付 4%的专利使用费。Sandisk 同意莱克沙新设计的产品不侵犯 Sandisk 的专利，并且向莱克沙支付 200 万美元以获得莱克沙一项专利的许可证。

该案件的解决显示了专利诉讼的不确定性所具有的持续存在的难题。虽然现在莱克沙能够继续从事它的业务，但 Sandisk 专利的有效性仍然没有确定。如果该专利在法庭上被宣告无效，那么莱克沙将免去支付专利使用费，而且也将为每一个必须这样做的人节省专利使用费。在法庭上解决而不是“掷骰子”的判决是可以理解的。从特定案件的狭义观点来看，法官向双方施加压力解决而不是承担判决成本也是可以理解的。但是，正如通常在案件中看到的，通过协商解决冲突为其他各方留下了不确定性空间，这意味着它们继续面临或者向有效性不确定的专利付费或者承担证明专利无效的成本和风险的困难选择。 64

生物技术和获得专利的研究工具

另一个具有积累和相互重叠的创新特点的部门是生物技术行业。该领域的许多专利是关于提取和处理遗传物质的。这意味着遗传工程新产品的开发和商业化可能利用许多已获得专利的技术。原则上，可以对许可证进行协商以确保所有所需的权利，但是当所需许可证数量变得巨大时，这种方式在时间和资金方面都会出现问题。[33]在一些情况下，遗传操作用工具的专利所有者坚持“达成”许可证协议，而使用工具的人将不仅需要支付费用，而且需要就使用该工具开发的任何产品所得的收益向专利权人支付专利使用费。这类许可证的使用费通常很少——占产品收益的1%以下——但是，如果产品开发使用大量这样的工具，那么这项开发的整体获利能力可能会严重受损。事实上，达成多项许可证协议的需求可能向创新过程征收大量税费，因此会显著阻碍创新。

65 人们可能预期在该行业中会出现类似半导体行业的广泛交换许可证的实践。但这看起来并没有出现。我们很难判断这是否是由于生物技术和半导体之间的内在差异，或是这些部门的制度结构中的差异，还是仅因为缺少在生物技术公司之间达成此类协议的经验。

“初始”发明者的权利和累积创新过程之间的潜在冲突由于生物技术中商业开发和基础科学研究之间的密切联系而变得特别尖锐。历史上，从事科学研究的大学和其他人通常并不是专利诉讼案件的目标。这一部分是因为专利法中“试验使用除外”的原则，因此，如果侵权发生的原因是以“娱乐为目的，满足无意义的好奇心，或是为严格的自然科学研究调查的目的”，那么就不能制止这种侵权行为。但是，该原则并没有明确表明，这种狭窄的例外是否包括大学所做的大部分事情；过去它们很少被起诉的事实可能是由于专利持有人不太关注它们，而且也可能是出于这样的信念，即大学是真正的例外。

近年来当大学日益寻求加强它们的专利时，这种情况可能正在发生改变。CAFC（美国联邦上诉巡回法院）最近的一项决议已经在各大学的总顾问办公室中引起了一波一波的恐惧。在杜克大学和其前教员约翰·麦迪（John Madey）之间的一起诉讼中，“试验使用例外”原则被解释得如此狭窄，以至于先前提供给大学活动的遮羞布可能已经萎缩到不相干的一点上。

麦迪是一名物理学家，1988 年，杜克大学从斯坦福大学将其挖过来。而在斯坦福大学，麦迪在“自由电子激光器”（FEL）上拥有两项专利。杜克大学为麦迪建立了 FEL 实验室，包括麦迪专利覆盖的设备，而且麦迪领导该实验室近 10 年。麦迪和杜克大学随后发生争吵，麦迪被免除了 FEL 实验室主任的头衔，并离开了杜克大学。杜克大学继续运作 FEL 实验室，麦迪提起诉讼，宣称他自从在斯坦福就已经持有的专利受到侵犯。

地区法院法官将“试验使用例外”原则设定为覆盖“只用于研究、学术或试验目的”的活动。根据杜克大学所确立的专利政策，其专利政策上描述说，杜克大学“致力于教学、研究和知识扩展……［和］并不承担主要为开发专利和商业应用目的的研究或开发工作”，法官发现，杜克 FEL 属于试验使用例外，并且做出了有利于杜克大学的裁决。[34] 66

麦迪提出上诉，CAFC 驳回了地区法院法官有关试验使用例外的裁决，并且具有讽刺意味的是，该裁决提出，大学就其真正的本质来说，不符合试验使用例外。审判从考虑是否应该完全废除试验使用例外开始。最终断定，该例外应该继续存在，“尽管以非常狭窄的形式存在”。

这种形式是什么呢？CAFC 驳回地区法院“只用于研究、学术或试验目的”的描述，它宣布，该描述比先前“以娱乐为目的，满足无意义的好奇心，或者为严格的自然科学研究调查的目的”的试验使用更广泛，这是不允许的。随后，它接着考虑 FEL 是否能够归入这种成规。它断定：

> ……主要的研究性大学，例如杜克大学，通常批准和资助拥有引起争议的非商业应用的研究项目。但是，这些项目很明显促进了该机构的合法商业目标，包括教育和启发学生，而且教员参与到这些项目中……总之，无论特定的机构或实体是否从事获得商业利润的活动，只要该活动促进了被指控的侵权人的合法业务，而且并不只是以娱乐为目的，满足无意义的好奇心，或者为严格的自然科学研究调查的目的，那么该行为就不符合非常狭义的、严格的试验使用（这一）辩护理由。

换句话说，因为大学的“业务”实际上是教书和研究，当学生和教员在大学机构中进行研究时，他们正在追求大学的“业
67 务”目标，因此，他们不符合试验使用的例外范围。虽然法庭在技术上将该案件驳回地区法院，以确定 FEL 是否能够符合其明确阐述的试验使用标准，但是鉴于 CAFC 拒绝认定“推动被指控的侵权人的合法业务”是试验用途和它将“教育和启发学生和教员”作为“业务”目标的定义，我们很难想象有多少大学的研究能够符合要求。最高法院在 2003 年 6 月拒绝审理对 CAFC 的麦迪案判决的上诉。[35]

这项判决的实际影响是什么，目前还不清楚。影响可能很有限，因为当一名教员做出可申请专利的发明时，专利通常属于大学。麦迪案例很不同寻常，因为麦迪自己拥有这些专利。更普遍的情况是杜克大学可能解雇麦迪，但仍然使用其专利，因为杜克本身将拥有那些专利。甚至当像麦迪这样的科学家从一所机构跳槽到另一所机构时，通常的情况应该是其先前的专利由斯坦福大学拥有，斯坦福大学看起来不可能起诉杜克大学这所研究机构。但是，在生物技术领域中，日益增多的普遍情况是，学术研究人员从事的项目非常类似于商业公司从事的项目。正如在上面讨论的，这种研究可能有争议地需要许多专利的许可证或交叉许可。当相关机构处于相当对称的地位时，交换许可证可以最好地发挥

作用，但是公司和大学彼此存在内在的差异，这在最佳情况下也会使情况出现问题。事实上，大学在该领域中发挥主要作用可能抑制广泛的交叉许可，这完全是因为大学的文化和激励因素与公司的文化和激励因素非常不同。

这并不是说大学应该始终受到试验使用例外的保护。否则有的公司则无利可图，举例来说，如果公司研发的产品是学术研究实验室的新设备，研发将变得无利可图；如果大学可以不受惩罚地仿造新设备，那么这些新设备将不会有任何市场。但是， 68
CAFC 的论断——在试验“业务”中工作意味着你不符合试验使用例外——仅仅避免了如何在发明者权利和进一步促进研究和试验的整体利益之间寻找一个平衡点的难题。

当事情变得彻头彻尾地令人作呕时

前一部分描述了某些情况下专利系统按照创设制度的初衷运作时，会抑制——而不是激励——创新的许多途径。我们回到将专利比喻成围绕在技术发展所代表的财产周围的围栏的情况，罗伯特·弗罗斯特（Robert Frost）说，“好篱笆造出好邻家”。专利天生就是某种模糊的和模棱两可的围栏，而且这种模糊性总会引发不同程度的争端。

但是，当专利在过去 20 年中得到强化时，一些公司已经不仅仅突破它们的技术财产存在争议的模棱两可的界限，它们而且对看起来遥远的东西的所有权提出权利请求。通过起诉或威胁起诉竞争对手或未来的竞争对手，这些公司试图获得专利使用费或吓退竞争者。正如在引言中提到的，在 20 世纪 90 年代这 10 年中，专利诉讼数量增加了两倍多。

对专利侵权诉讼进行辩护的成本很高。根据知识产权律师在 2000 年的一项调查，大型（风险超过 2 500 万美元）专利侵权诉讼的辩护成本大约为 200 万美元～450 万美元。[36] 对于风险低于

100万美元的案件来说，成本为30万美元～75万美元，或者大约为有争议金额的一半。[37]鉴于这些诉讼的巨额成本，而且案件的结局看起来越来越有利于专利持有人，甚至那些认为自己没有侵权的被起诉对象都有强烈的经济激励因素寻求让步，而不是对抗。这意味着也许有许多我们甚至不知道的抑制竞争的案件。

有时，人们会选择挺身而出并战斗到底。Rambus和Infineon案件就是这样一个案例。[38]Rambus是一家小公司，它设计但不生产计算机存储系统。它通过向其他公司发放其获得专利的设计的许可证赚钱，其他公司生产计算机存储器并将其出售给计算机制造商。

69 但是，20世纪90年代，Rambus从事一项扩展运动，滥用专利系统，并且基本上是从存储器制造商那里敲诈许可证使用费。该项运动的基础——初审法官最终将其描述成“利用闪电战和谢尔曼式策略的组合”[39]——是1990年呈递的专利应用号为07/510898的专利。专利商标局与Rambus断定，该应用包括众多不同的发明。作为越来越普遍的情况，专利商标局允许Rambus对许多来自其初始的1990年申请的“后续部分”提出申请，在申请中，原始应用的各个部分作为它自己的权利提出。在未来10年中，专利商标局至少授予了基于该1990年申请的15项单独的专利。

这种分开申请的过程是为了修正最终被授予的专利和权利请求，以符合已经转变成适当法律形式的发明。在许多情况下，专利申请可能描述拥有许多潜在实施性或转化事项的技术，只有其中的一些在授予专利的特定权利请求中列出。无法申请到全部具体事项的权利可能是因为一些具体事项在初始申请时没有预见到，或者可能只是要求一项申请不能过于复杂地包含许多权利请求。由于权利请求确定了专利权人可以实施的排他范围，未包括在权利请求范围内的具体事项对专利持有人来说可能就很难得到保护。分部申请使专利权人能就未包括在初始授权的权利请求中的发明的具体事项获得保护，因此这是允许发明者以有序的和有效的方式对真正发明的东西提出权利请求的重要手段。但是，提交分部申请的机会也被专利申请人策略性地加以利用，因为它允许申请人随情况的变化修正其专利申请，同时保留与最初申请有关的优先日期。[40]在 Rambus 案例中，最迟在 1999 年，Rambus 修改其专利权利请求，试图确保它们覆盖新一代存储芯片。但是源自初始申请日的 1990 年优先日期意味着这些权利请求的创新性要相对于 10 年之前的“先有技术”来进行评估。在诸如半导 70
体这样的快速发展的领域，这为 Rambus 提供了巨大的优势。

1990 年的申请与 DRAM（动态随机存取存储器）芯片设计有关，它可用于个人电脑、服务器和其他计算机的存储器，以及其他一些事项。20 世纪 90 年代初期，Rambus 向存储器制造商授予了 DRAM 设计的许可证，该设计称作“Rambus DRAM”或 RDRAM，它以 1990 年申请获得的专利为基础。许多存储器制造商使用这项技术，根据许可证协议向 Rambus 支付专利使用费。但是，半导体技术发展迅速，而且由于 SDRAM 的开发以及 DDR SDRAM 的开发，RDRAM 不久就过时了。由于不愿意丧失其许可证使用费收入，Rambus 试图将其专利组合范围扩展到覆盖这些新开发的芯片。

计算机存储器行业的两个重要特点是许多不同的公司都制造存储器和计算机，而且如果不同公司制造的存储器可以互换，那么计算机制造商和消费者会极大地受益。这就需要存储芯片的设计符合行业“标准”。该标准是一组技术规格说明，它确保任何公司制造的存储器，只要符合标准，就将按预期在任何计算机设计中使用。为此，电子工业协会建立了一个电子设备工程联合委员会（JEDEC），这是一个存储器和计算机公司为了给半导体设备制定标准而自愿组成的协会。

由于互换性如此重要，大部分存储器产品的制造都必须符合相关的标准。这意味着拥有覆盖这样的一种标准所需技术的专利权的任何公司都处于非常强大的地位，它可以持续从整个行业中获得专利使用费。为此，诸如 JEDEC 这样的标准制定组织对可

能覆盖标准中所包含技术的专利的存在非常敏感。另外，它们希望了解覆盖可能在标准中包括的技术的专利申请情况，因为否则
71 （可能会出现这样的情形），标准制定组织可能确立了一个标准，使整个行业都使用该标准设计，然后发现被授予的一项专利覆盖这一标准使某人能够控制整个行业。

为此，JEDEC 像许多这样的标准制定协会一样，要求它们的成员（1）披露与正在讨论的标准的组成要素有关的任何待处理的专利申请，（2）以“合理的”使用费率向行业中的每一个人发放最终覆盖标准的任何专利的许可证。当然，界定什么构成“合理”的使用费，并且执行合理的专利使用费政策都是很复杂的任务。这种困难使得披露义务更为重要，所以，标准制定者都明确了解符合标准的产品在多大程度上属于专利使用费的权利请求范围。

20 世纪 90 年代初期，当人们在 JEDEC 讨论 SDRAM 芯片的标准时，Rambus 是该组织的成员。从事 DRAM 标准制定的 JEDEC 委员会了解到，基于 1990 年申请的一项专利已经被授予，但 Rambus 并未向委员会披露它所拥有的其他待处理的分部申请。更糟糕的是，在 JEDEC 其他成员不知道的情况下，Rambus 提出了更多的申请（仍然保留 1990 年优先日期），在这些申请中，它试图覆盖 JEDEC SDRAM 标准的特点，因为 Rambus 的代表参加了讨论该标准的委员会会议。[41]

Rambus 最终退出了 JEDEC，但它仍然提出了来源于 1990 年初始申请的其他分部申请。2000 年，Rambus 起诉 Infineon，这是一家存储器制造商，Rambus 声称，Infineon 按照 JEDEC SDRAM 标准制造的产品（和按照后续的 DDR SDRAM 标准制造的其他产品）侵犯了 Rambus 的四项专利。这四项专利在 1997—1999 年之间申请——在存储芯片部门中是一段漫长的时间，这些专利是在初始申请之后提出申请的，它们保留了初始申请的优先权日期。在受到 Rambus 的侵权诉讼攻击之后，Infineon 提出反诉讼，宣称 Rambus 滥用 JEDEC 标准制定程序，根据弗吉尼亚
72 州的法律，这构成了欺诈罪。作为对这种欺诈的赔偿，Infineon

要求获得损害赔偿金，并且禁止 Rambus 试图执行相关专利。

2001 年春季，在解释了 Rambus 专利中的权利请求之后，负责审理该案件的法官否决了 Rambus 的侵权诉讼，法官裁定，陪审团无法得出 Infineon 已经侵权的结论。[42]援引初审法官的话来说，Rambus 试图将其专利解释为覆盖 Infineon 的产品，这"完全超出了专利权利请求或专利的书面描述，而且，在一些情况下，完全抵触了书面描述……［有］清晰和令人信服的证据表明，Rambus 知道，或应该知道，它的专利侵权诉讼是毫无事实根据的、不合理的和无意义的"。

"这种毫无事实根据的、不合理的和无意义的"诉讼使 Infineon 耗费了超过 800 万美元的费用去辩护。[43]当然，Infineon 得到了（暂时的）奖赏，陪审团在欺诈罪诉讼请求中的裁决有利于 Infineon，并且裁决 350 万美元的赔偿金，但法官将该赔偿金减少到 35 万美元。另外，法官认定 Rambus 诉讼的毫无事实根据的本质、Rambus 的欺诈行为和它在起诉过程中的错误行为，这些证明签发要求 Rambus 赔偿 Infineon 710 万美元律师费的命令正当、成立。

对于 Infineon 以及我们相信对与专利和标准有关的良好政策的建立来说，都不幸的是，CAFC 随后推翻了陪审团的欺诈裁决。[44]基本上，CAFC 裁定，JEDEC 有关披露待处理专利申请的义务的规定非常狭窄——基本上限于愿意遵守标准的一方为遵守标准将必然侵权的专利申请。由于 Rambus 的文件和它的雇员的证词清楚地表明，Rambus 明确地修改了它的专利权利请求的文字，以试图覆盖那些拥有在 JEDEC 会议上披露给 Rambus 的特征的设备，毫无疑问，Rambus 违反了 JEDEC 政策的意图和精神——防止个别公司通过将讨论的标准的一些内容申请专利来获得相对于其竞争对手的优势。事实上，上诉法院对 Rambus 试图欺诈的事情并没有异议（因为庭审记录在这方面非常清晰），但上诉法院裁决这些欺诈没有成功：尽管 Rambus 倾尽全力围绕着标准的组成要素操纵它的专利权利请求，但法院判决认定，其他公司仍可能遵守标准但并不侵犯 Rambus 的任何专利。而且法庭裁 *73*

决，作为法律事件，在该案件中不可能有欺诈，因为 JEDEC 政策只要求披露标准所需的发明方面的专利申请。

CAFC 法官佩恩在其异议意见中指出，Rambus 明显在试图滥用 JEDEC 程序，而且法庭的证词表明，这种类型的滥用是 JEDEC 所禁止的。他坚持认为，JEDEC 是否规定禁止 Rambus 从事这种类型的行为，这是一个事实问题，对此，上诉法院不应该进行事后评论。由于这种最终裁决，Infineon 采取了某种不同寻常的步骤，它要求整个 CAFC 法庭审理陪审员裁决，然后将 CAFC 的裁决上诉到最高法院。许多标准制定组织都呈递了“法庭之友”简短声明，支持 Infineon 的审查请求，它们认为，事实已经很明显，如果 Rambus 被允许逃脱它的欺诈诉讼，那么整个标准制定过程将受到损害。[45]但是，CAFC 和最高法院都拒绝参加诉讼，因此批准将 CAFC 二比一达成的裁决发回到地区法院，以进行另一次侵权诉讼请求的审理。

因此，由于二比一的表决，CAFC 否决了陪审团对 Rambus 的欺诈裁决。由于地区法院法官判决向 Infineon 赔偿的律师费一部分基于欺诈（和在审理期间的错误行为），它将该问题发回到较低级法院重审，要求较低级法院判定在没有欺诈裁决的情况下，Infineon 是否仍然有权得到费用赔偿。最终，CAFC 全体一致驳回较低级法院对专利权请求的解释和它对基于该权利请求解释的非侵权的裁决。Rambus 试图重审该案件，但 Infineon 仍然有权按照平行的加州法律提出它的欺诈诉讼请求，而且联邦贸易委员会正在调查 Rambus 的行为。

在此案件中无论是否最终实现公正判决，它都告诉我们有关专利系统的一个令人不安的故事，这个专利系统似乎已经从其原
74 有的位置上挣脱出来，并且似乎脱离了鼓励发明和促进新产品商业开发的固有角色。无论法庭裁决 Rambus 是否试图利用 JEDEC 披露政策有利的一面，这一点都非常清楚。一个允许在每隔几年就显著发生技术进步的行业中的专利权人根据它在标准制定机构的会议上了解到的东西产生出新权利请求，然后用 9 年前的先有

技术评估这些权利请求的创新性的系统几乎不可能促进发明和创新。在某种程度上，这最终产生的后果远远比 PB&J 三明治更严重，该案件提出了深层次的问题，即专利商标局在审理申请时，是否做了它应该做的工作。而且 CAFC 否决陪审团有关该行为欺诈本性的裁决使得人们难以避免这样的感觉，即司法系统也在朝着有利于专利权人的方向发展。

得到专利的 PB&J 三明治

当 20 世纪 80 年代和 20 世纪 90 年代的经验表明，公司通过进攻性的方式实施专利可能获得重大的竞争优势时，公司很自然会更加努力地使专利包含它们行业中技术的重要方面。专利局有责任确保专利只授予真正的创新。但是，当专利局的工作没有完全做好时，授予专利的“质量”便出现恶化，而且专利诉讼成为一场混战，在其中，公司试图在现有技术上获得基于专利的财产权，然后使用这些权利发动彼此间的斗争。

务必使他们双击

虽然在第 1 章中讨论的 PB&J 专利很有趣，但当专利持有人提起诉讼来执行专利时，这些低质量的专利就产生出了实际后果。亚马逊公司在 1999 年为其“通过通信网络签订购买订单的方法和系统”得到了专利号为 5960411 的专利。[46] 这项专利申明了一种方法，通过该方法，先前存储了客户信息的网站允许客户“单击”鼠标来购买商品。亚马逊很快地控告 Barnesandno- 75
ble.com，声称 B&N 的“快速通道”购买方法侵犯了该专利。在 3 个月内，亚马逊根据它可能最终在审判中获胜，并且在此期间可能由于 B&N 的竞争受到不可弥补的伤害，获得了对 B&N 的初步禁令。结果是，B&N 在甚至有机会试图证明亚马逊专利无效之前，B&N 提供的快速通道服务不得不被关闭。人们几乎可以感受到互联网在发抖。

许多观察家认为，亚马逊的专利本来就不应该被授予，因为其他人已经使用了类似的系统，这意味着亚马逊的发明并不具创新性，或者，如果没有人准确做到了亚马逊做到的事情，事实上他们也可轻易做到，这意味着该发明无法通过非显而易见性测试。如果“单击”可以获得专利，那么实际上任何互联网和网络方法都可以得到专利。由于该案件在网络公司繁荣的时候出现，亚马逊令人震惊的诉讼导致了专利申请狂潮的出现，那些因怀疑随时随地地会有某些人提出一项专利或一项专利申请可以宣称覆盖它们所做的事情的网络公司做出了许多神经质的举动。

该案件历时一年，但 CAFC 推翻了亚马逊获胜的初始禁令。虽然上诉法院并没有直接表明 B&N 是否侵犯了亚马逊的专利，但该法院裁决，由于有充分的理由怀疑该专利的有效性，亚马逊本不该被授予初始禁令。[47]（正如在第 4 章讨论的，专利权人只有在有很大的可能性在审判中获胜时，才能获得初始禁令。）结果是，亚马逊和 B&N 对该案件庭外和解，这样，亚马逊专利仍然处于不确定的法律状态。

作为单击纠葛产生的后果，针对所谓商业方法的专利申请继续膨胀；甚至 2000 年和 2001 年网络公司繁荣状况的崩溃都没有
76 使这股潮流退却。[48]许多观察家仍然非常怀疑这些专利的有效性，而且认为日益发展的电子商务活动是否处于产生侵权诉讼的危险中有着巨大的不确定性。总之，人们非常怀疑专利系统在该领域中（所起的作用）是鼓励创新，还是阻碍创新。

战场评估

过去 15 年中，专利诉讼的频率和规模出现了不同寻常的增长。虽然每一个案件都有其自身特定的事实和结果，但它们都有许多共同的特点：

- 专利的执行已经改变了许多关键行业中长久以来建立的技术发展模式。保持强有力的专利地位是在半导体、计算机、软件、生物技术和许多其他行业中竞争取胜所必需的。
- 专利诉讼很昂贵，而且风险很大。甚至在许多情况下，被迫对专利侵权辩护的威胁就迫使公司支付专利使用费或放弃特定的产品。
- 在多个重要行业中创新的累积性质使得多家创新性公司彼此之间处于经常性的冲突中。专利系统看起来日益成为不确定性和成本的源泉，而不是控制冲突和使冲突最小化的机制。
- 与专利诉讼关联的不必要成本和风险已经由于专利局审查标准的恶化而严重加剧。我们已经从 1980 年以前那种在进行一些背景审查之后，提供步枪和手枪的系统，发展成为今天向提出要求的人提供手榴弹和火箭筒的系统。

公司始终渴望赚钱，而且始终希望在法律系统展现出商业优势机会时，对法律系统进行研究。对重要发明授予的专利常常存在争议，而且专利创造出的独占性已经成为人们关注和心神不安的来源。但是，本章中描述的发展并不是现代资本主义不可避免 77
的演变。它们可以追溯到国会对专利系统如何运作做出的特别改革。下一章将研究围绕在专利政策周围的政治性争议案的长久历史，之后的两个章节将详细研究美国在 1982 年和 1990 年做出的改革。

第3章　长期的争论

78 立法人员聚在一起对全国专利系统进行了讨论。愤怒的企业家抱怨当前系统中的许多缺陷。最初，人们只是对专利申请提出少量评论，渐渐地，制造商惊诧于专利商标局如此频繁地向已有技术授予新专利，毫无事实根据的专利权利请求诉讼的威胁使当前的商业活动陷入危险之中。评论家注意到，有关英国专利系统的评论在这里同样适合：“当前的机器为发明者提供了最小的优势，并且使公众处于最大的不利地位。”[49]其他人提出了更极端的看法，并且认为专利完全不必要：一则流行的格言说“天才，就像恒星一样，必须发光，而没有报酬”。[50]现在的报纸全都是律师和经济学家有关专利制度的利弊以及这些专利授予在多大程度上促进了创新和经济增长的争论。

尽管与最近美国的一些事件类似，但这出戏剧出现在 130 年前，当时荷兰的三级议会开会讨论它的专利系统的命运。在考虑 79
了荷兰专利授予过程的缺陷和在欧洲范围内对这些授予专利的价值存在的怀疑后，立法人员采取了引人注目的空前步骤：他们废除了荷兰的专利系统。

这一历史片断突出显示了这样的事实，即今天在美国讨论的事宜并不是新的事宜。在互联网论坛中和华盛顿政策沙龙中争论的基本问题——例如，有关较弱的专利权与较强的专利权的优点比较以及专利申请综合审查与更仓促的审查的优点比较——长久以来就为人们所争论。所以，人们今天对专利质量和它对经济的影响表现出的忧虑已经在几个世纪中回响。

回顾全球范围内的专利历史可能也很容易看到许多这样的争论。因此，我们在本章中的目标不是对世界专利系统的全面历史进行介绍。相反，我们将简单介绍三个经常被遗忘的戏剧性故事，在这些故事中，人们对专利奖励的本质和质量的争论产生出的激烈和热烈的讨论有助于阐明我们今天所面对问题的复杂性和持久性。

我们讲述这些故事的动机并不是为了使我们的读者对陈旧的档案感兴趣。相反，这些描述说明可帮助确定三个关键的教训：

- 对专利授予给经济带来负面影响的担忧不是新近出现的；相反，这些争论几乎与专利授予制度本身一样古老。
- 对运作专利系统的问题并没有很容易的解决方案。在该系统中，在奖励创新者和使商业、竞争和其他发明者承担费用之间存在着一种内在的折中。过去很多年中，人们已经尝试了许多方法，但没有一种方法能够让每一个人满意。
- 专利系统的变革过程就像是一个钟摆。问题的恶化通常会导致专利管理的显著变换，这种变换通常会在另一个方向走得过远，产生出它自身的一系列新问题。

介绍完这种历史环境之后，我们将随后在第 4 章和第 5 章中
80 介绍过去 20 年中在美国专利系统中发生的两个关键性变革。与先前一样，我们将看到，这些变革的发生至少部分纠正了人们感受得到的向弱化专利方向发展的历史变迁。与历史模式相一致，它们使专利这个钟摆显著摆动，现在迫切需要在另一个方向进行调整。

场景 1：重新洗牌

统治者——无论是国王、亲王还是总统——长久以来都向他们的臣民授予专有特权。在一些例子中，这些臣民获得进行贸易的独占权；在另一些例子中，他们得到使用新产品和过程的独占权。鉴于这些实践的盛行，人们很难准确判断出第一个真正的专利系统何时出现。

一些人认为，国王文西斯劳斯二世（Wenceslaus Ⅱ）在 1300 年颁布的《阿尔卑斯山采矿法》是世界上第一部专利法；另一些人认为，威尼斯共和国的 1474 年立法才是世界上第一部专利法。[51]将这些早期法典与先前的皇家专有特权区分开来的是授予特权和进行发明之间的联系。举例来说，当伽利略向威尼斯总督申请新的水利灌溉设备时，他突出介绍了他所从事的长时间研究过程。

但是，明确确定专利只应向重大的新发明授予的原则用了几个世纪。包含这个原则的专利法演变在英国特别富有戏剧性。[52]在那里，就像在其他地方一样，最初的专利仅仅是政府首脑授予的另一项特权。一些统治者切实地努力以确保专利只授予重大的发现，虽然一些人可能会狡辩，爱德华三世对哲学家的石头制造授予专利是否符合这个原则。其他的统治者则不那么严谨。最臭名昭著的是，女王伊丽莎白一世向许多日常生活必需品授予专利，例如盐、醋和淀粉，虽然它们已经被广泛使用了很多世纪。

这些专利招致了广泛的不满。许多奖励只提供给皇室喜欢的人， 81
以奖励他们的忠诚。例如，在淀粉专利中，得到这项奖励的朝臣拖欠女王大量的钱：通过这种授予，她希望他们能筹集足够的资金来报答她。

诉讼过程的片面本质加剧了这些不公平独占权授予的有害影响。专利持有人拥有广泛的特权来调查潜在侵权者的财产，并且霸占潜在侵权的商品。在许多情况下，专利权人访问工厂和仓库不是因为那里会出现侵权现象，而是他们预期工厂和仓库的拥有者会愿意支付款项以避免调查将必然带来的麻烦和损失。

但是，作为专利持有人所针对的对象，这些被指控的侵权人无法挑战这些奖励。因为专利被认为是女王的个人奖励（她的“皇室特权”的一种体现），那些挑战这些专利的人可能会被女王法庭认为其表现出对女王的藐视——这会带来悲惨的后果。

这些情况引发了 1601 年的议会反抗。虽然议员们早期提出的有关这些特权授予的问题的努力受到了皇室的藐视或责难，但现在，占有决定性多数的议会议员都对这个问题进行了大声疾呼。下议院里充满了不满情绪。每一个专利人滥用他们特权的事件都被揭发出来，包括女王授予专利之后，海盐的价格增加了近 20 倍。议员们起草立法以削减这些特权。在四天激烈的争论之后，女王亲自来到国会，并且宣布，如果议员撤销法案，她将改革该系统。她采取的步骤包括削减一些引起最多反对的专利，例如对盐、醋、锅和刷子授予的专利，并且提交其他专利以供法庭检验。

这一法令立即产生出判例案件。女王在 1598 年向她的一个马夫爱德华·达西（Edward Darcy）授予了在未来 21 年中制造和进口扑克牌的专利。达西并不是扑克牌的发明者。事实上，伊
丽莎白先前已经于 1576 年将扑克牌的专利授予其他朝臣，在 82
1588 年又授予了一次。在女王公告之后不久，达西就在军机房对未来的竞争对手提出挑战。双方律师激烈辩论该专利是否有效，以及女王是否有权授予这样的独占权。

1603 年——也许并不是巧合，在女王去世之后仅仅几个

月——法庭裁决只有在专利使公众作为整体受益时才合法。用受控侵权人律师总结陈词中的话来说，该案件确立的原则将指导全世界的专利局："当任何人用他自己的资金和技能或用他自己的才智或发明为王国带来任何新贸易或任何先前从未使用过的并且使王国受益的促进贸易的方法时；在这样的情况下，国王可以在一些合理的时间期限内向他授予独占性专利……否则就不能授予专利。"[53]这项裁决在20年后，在大不列颠被编入法典，当时独占法规定了基本原则，即专利只能授予"真正的和最初的发明者"。[54]甚至针对这些案例，法典确定了一些重要的限制，例如禁止将专利授予那些"违反法律、对国家有害、[导致]抬高国内商品价格、损害贸易或通常不适时的发明"。[55]

这些限制并不是此类问题的最终解决方案。甚至在该法案通过之后，仍然存在着通过授予独占权换取利润份额来提高王室收入的强烈诱惑。但是，该法典确定了新时代的基本规则。在17世纪中期，与发明没有什么关联，作为皇室恩惠的专利授予显著减少。同样重要的是，被指控侵犯专利的人有权质疑专利本身有效性的原则也包括在该法典中。

场景2：减少壁垒

在18世纪末期，专利系统再次在英国引起争论。但是，这
83 次是因为另一个问题：领先的企业家认为，专利系统中的奖励太困难以至于无法获得。[56]

发明者愤怒的对象——包括像詹姆斯·瓦特这样的名人，他极大地改进了蒸汽发动机——是一项非常古老的法案：《1535年职员法案》，是在亨利八世统治时期颁布的。该法案描述了在任何官方授予可能做出之前的多步过程。专利申请人必须联系多达十个不同的办事处，通常需要为每一个办事处制作一系列新的表格。甚至国王签名都需要签不止一次，而是两次。

虽然这些审查步骤表面上是为了确保不会授予不适当的专利，但其中也有另外一个动机。《职员法案》的序言中非常无耻地写道，该法案的目的是为工资较低的政府职员提供资助。申请人必须申请不同的奖励以覆盖英国、爱尔兰、苏格兰和威尔士，每一个地方都必然伴随着不同的表格和费用。在这一时期英国专利的成本是 400 英镑，相当于今天的 5 万多美元。正如查尔斯·狄更斯（Charles Dickens）在其《穷人的专利传说》一书中所述："看看内政大臣、检察总长、专利局、垄断职员、大法官、拿玺大臣、专利职员、大法官的财务人员、Hanaper 的书记、Hanaper 的副书记、副盖章人和副薄片蜡操作人员。在英国，如果不支付所有的费用，没有人能够得到印度橡皮筋或铁箍的专利。其中的一些费用，不断地重复。"这些要求可能不会对最富有的发明者造成令人生畏的壁垒，例如希望为其围栏申请专利的乡绅，在这样的围栏中可以专门养殖肥猪。但是，对普通的中产阶级发明者来说，延迟和成本是可怕的挑战。

另外，专利申请过程使竞争对手有足够的机会通过使用"警告"来阻碍专利授予。这些基本上使其他公司能够在政府官员考虑专利申请时，描述可能相关的现有方法或发现。这些警告常常非常模糊，因此对发明者来说，很难有效地反驳。一些公司会简 84
单地反对它们所在领域中的所有专利申请，希望能确保不受新制造商的挑战。在许多例子中，已建立的公司将审查新竞争对手专利申请的机会——假定帮助准备警告文件呈递——作为进行行业刺探的方便机制。

但是，改革该系统的努力仅仅是缓慢发展。从 1785 年开始，当时召开了第一次发明者大会讨论专利政策，改革努力开始间断性前进。一些行动周期性地出现——1795 年和 1820 年推出颁布的法规、1829 年发起的国会调查等——但是这些举措不久就渐渐停止，并且被放弃。

迟缓的反应有三个原因。首先，这种不作为反映出已有行为人的确定权力。毫不令人惊奇，专利局官员和与他们密切合作的律师质疑是否需要对已证明对他们来说十分有利可图的系统进行显著改革。

其次，迟缓的反应反映出发明者一方缺乏联盟。由于具有高度企业家精神和个性化特点，他们很少愿意以协调的方式相互合作。由于通常被锁定在对特定发明的艰苦的斗争中，他们发现很难建立统一战线。

最后，迟缓的反应也反映出人们真正关注的是变革带来不合需要的结果的可能性。例如，要求由单一审查人员审查专利的改革者常常希望颁布限制条款，该审查人员将决定是否授予专利。一些人担心不可能保留足够的专业专利审查员；其他人则担心这些审查人员将偏向某些申请者。同样，削减专利成本的提议引发了许多关注：专利局和法庭不会被琐碎的专利申请淹没吗？鉴于只有很少的议员有时间或有意愿自己吸取在专利政策方面的专业知识，这些不确定性和疑惧阻碍了大胆的行动。

85 此时，在是否完全废除专利系统以支持使用奖励的不断争论中，对鼓励发明所需的政策缺乏一致意见逐渐凸显出来。正如我们在第 1 章中注意到的，在这些年中，国会建立了多项奖励以鼓励特殊的亟需的发明。奖励方法的支持者希望更多地使用这种机制，但许多其他人对这种方法表示怀疑。怀疑者愈发认为存在这样的可能性，即一旦做出发明，政府将不会兑现支付奖金的承诺。人们引用的一个著名例子是，英国政府在 1714 年为某个可以帮助海员确定他们在航海中的纬度的导航设备设立了一项 20 000英镑的奖金。（虽然通过观察星空可以相对直接地确定纬度——在北极和赤道之间的距离，但确定一艘船只在伦敦以东或以西的距离非常困难。船长需要依赖推测，而且产生出大量悲剧性的船只失事事故。）一个独立的发明者约翰·哈里森（John Harrison）在 1730 年前往伦敦，希望索取这份奖励，但是负责支付奖金的委员会坚持在总共 33 年中支付这份奖金，而且需要关于设备精确性的额外证据。最终，在他收到（接近）全部承诺奖金之前，国会和国王都被要求进行干预。[57]

同时，有关专利的争论在 10 年中时大时小。19 世纪 40 年代，发明者的请愿流向议会。这些请愿突出显示了几十年前詹姆斯·瓦特和他的同辈人明确阐明的顾虑，发明人无法获得专利和金钱奖励的大量故事说明了这种顾虑。1851 年，至少有 11 个发明者委员会试图改革专利系统。抗议的浪潮在 1851 年达到了高潮，在当年，议会宣布建立另一个委员会审理有关专利系统的问题。

在广泛调查之后，该委员会得出结论，发明者表达出的许多顾虑事实上必须得到解决。这一建议在很大程度上促使议会通过了《1852 年专利法修正案》。议会建立了单独的专利局，并且简化了管理程序。另外，专利申请的成本也显著降低：初始专利授 86
予现在只需 25 英镑就能够获得，而不是先前需要的 300 英镑预付费用。（但是，还有一些附加费用，在专利到期时必须支付。）

当然，该修正案并不代表专利改革过程的结束。直到 1883 年，与现代专利局类似的有正式程序确定发明是否合理的专利局才建立起来。因此，19 世纪英国的一般趋势（正如我们在下一章中将会看到的，美国专利系统在这个时期也同样取得发展）是满足越来越有发言权和权势的发明者和工业界的需求和需要，以解决他们当时所担心的有关强有力的专利系统弱化趋势的问题。结果是对该系统进行整理和制度化，使专利更便宜和更可靠，与此同时，日益使专利授予程序正规化以确保专利只授予真正的发明者。因此，专利系统逐渐占据了推动工业革命的技术创新过程的核心地位。但是，正如我们将看到的，对专利系统的成本和收益的争论并没有随着这些改革而结束。

场景 3：荷兰反抗

在英国和美国的专利系统都得到巩固的几乎同一时期，在欧洲的许多国家也存在着广泛的反专利运动。[58]虽然这样的情况某种程度上是由于抽象的考虑所促动的，但人们对专利系统确保高力度奖励能力的关注是这场争论中的关键因素。

这次反抗由多个因素导致。例如，许多批评家提出哲学上的证据，质疑知识思想是否应该有所有者。其他人则在原则上更赞同专利，接受这样的争论，即社会将发现通过奖励创新来鼓励发明符合它自己的最大利益。但是，这些批评家认为，事实证明，由于太困
87 难，以至于无法设计出可以公平奖励真正创新者的系统。《经济学家》的编辑们扼要表达了这样的观点："这个社会需要……对社会发展做出贡献的灵巧的人为他们的努力得到很好的回报。专利法得到支持，是因为人们错误地认为该法律是实现这个目标的手段。"[59]

当时欧洲主要的杂志再次讨论了许多替代方案。例如，一些人认为，全国性或国际性实体（无论是由政府官员组成，还是由行业领袖组成）可以通过分配奖励，而不是授予专利来更好地促进创新。这些官员可以像上述讨论的英国所做的努力那样，提前为某些关键的发现设立奖金，或者可以在重大但未预料到的创新出现之后，对奖金进行分配。

但是，这些替代方案也受到严厉的批评。英国经济学家约翰·斯图亚特·穆勒（John Stuart Mill）对政府官员可以确定一项发明的真正价值表示怀疑。[60]毕竟，在许多情况下，一项发明的价值只有在许多年之后才能显现出来。他认为，更有价值的是专利奖励提供的独占性利益。认识到奖励系统可能引起专断和腐败的其他人则得出了相反的结论。例如，德国政治家俾斯麦（Bismarck）说："与其再次做出无望的努力来修改专利法，不如完全废除知识产权奖励。"[61]

任何地方的这种争论都不如在荷兰的争论激烈。[62]荷兰是早期专利系统的倡导者之一：事实上，从 16 世纪到 19 世纪中期，它和英国是最始终如一授予专利的两个欧洲国家。

但是在 19 世纪中期，荷兰对专利系统的热情慢慢退却。在某种程度上，荷兰日益增长的对专利系统的反对是当时遍布欧洲的普遍反对专利情绪的反映。但是，关于荷兰专利系统的许多忧虑现在看起来是由当时荷兰专利法自身特点所引起的，该法律在

1817 年颁布。正如当时在其他国家中出现的情况一样，该法并不要求对专利进行审查。例如，申请人简单地宣布他们有某项发现：做出声明的个人通常被简单地、理所当然地认为是讲诚信 88
的。当国王和一名大臣审查这些申请时，在许多情况下，他们的详细审查看起来一点也不彻底。结果是，通常被授予专利的发明既不新颖，也不实用。尤其受到批评的第二个类别的例子是专利号为 945 的专利，该专利建议使用蒸汽发动机自动切割金刚石。

原则上，正如美国在 1836 年，英国在 1883 年所做的那样，荷兰本可以通过建立系统的专利申请审查机制来解决这个问题。但是，在荷兰还存在其他对专利系统运作的反对意见。也许最受到反对的是，专利直到奖励期满才发布出来，这通常是在奖励之后 15 年发生的（而且在一些例子中，时间更晚）。这种方法——在当时是荷兰系统独一无二的地方——被证明是合理的，因为否则发明可能非常容易被模仿，可能的原因是专利持有人没有资源来发现所有侵权人。但是，这样的保密的后果常常是可怕的。制造商可能永远不知道它的处境，当专利权人出现，宣称在许多年前拥有一项专利，该专利覆盖该公司已经推出的新产品，或者更糟糕的是，该专利覆盖该公司已经依赖多年的产品。由于有这种危险，观察家认为，荷兰的公司与它们的在伦敦或汉堡的同行相比，更不愿意创新。

这些不满逐渐在荷兰制造商之间引起共鸣。在长时间讨论它们的不满意见之后，荷兰工业促进协会在 1864 年决定向国王发出请愿，要求废除专利系统。虽然更有节制的替代方案本来可以解决许多这样的抱怨，但当争论继续进行时，对话逐渐变得更加激烈。专利不会产生出伟大的发明，废除主义者声明说：毕竟，创新者获得的领先优势或“先进入者优势”难道不足以刺激创新吗？另外，通过废除专利系统，荷兰可以成为全欧洲效仿的典范。

虽然一些企业家也跟进要求废除专利系统，但其他一些企业 89
家则保持更谨慎的态度。许多不满意见可以通过对专利法案更有节制的修改来解决，就像比利时所做的一样，比利时刚刚修订了它们的专利法案。而且，许多企业家都对反专利运动将如何维持表示怀疑：相反，他们认为，荷兰可能会发现自己很孤立，愤怒的邻居会抱怨他们傲慢地侵犯了被其他地方授予专利的发明。

但是，在该问题被送到荷兰国会三级议会那里之前只有几个月。专利系统的倡导者徒劳地试图寻找专利系统废除主义者证据的漏洞。例如，考普斯（J. L. de Bruyn Kops）是代尔夫特的一名经济学教授，他介绍了前一年在英国提交的 126 项“早期脚踏车”（自行车）专利申请。即使只有“2 项或 3 项申请可能被证明有用”，向这些发明授予专利可能仍然很有意义，因为社会将从更有效的个人交通工具中获得很大的利益。但是，随着对专利系统的怀疑同样动摇了企业家和公民，这种反抗动力被压制了。1869 年 7 月，三级议会上议院以 49 票对 8 票的表决废除了专利系统，荷兰停止授予专利。

该事件是欧洲反专利运动的高潮。一些人认为这次运动的减弱导致了 1873 年的经济衰退以及贸易保护主义思想在全欧洲的出现。许多最热情的废除专利倡导者同时也支持自由贸易，而且此次运动的减弱也伤害了其他一些人。但是，即使国会议员关于他们作为新运动的先锋的预言并未被证实，荷兰在 1910 年之前都顽固地坚持他们的无专利系统。在此期间缺少专利保护所造成的影响引起人们的争论：虽然无疑，在这些年中，荷兰经历了广泛的工业化进程，但本地发明者强烈抱怨他们的发明创意太容易
90 被竞争对手模仿，因而他们不愿从事创新活动。[63]最终，来自德国和其他地方贸易伙伴无情的压力使荷兰放弃了这样的做法。

一些更一般性的模式

我们在本章开始时提出了一个简单的命题：今天看到的有关专利系统的争论并不是独一无二的；相反，这些讨论在其他时间和地点已经出现过。

有更多怀疑的读者可能仍然质疑这些例子是否有代表性，或

者是否仅仅是历史长河中的三段奇特的事件。为了说明这种可能性，我们展示一些更系统的全球范围内的证据。为此，我们考察2000 年 60 个最大的国家（按总经济规模）的情况。这些国家包括已经经历过非常快速增长的历史赢家，例如美国和日本，也包括那些遭遇过经济逆流的国家，例如阿根廷和南非。我们看看它们的专利系统随着时间的推移所发生的变化，这些信息来自在过去一个半世纪中出版的专利政策指导书籍。

图 3—1 简单显示了在专利政策的许多主要领域中每十年发生的政策变化的数量。[64] 由于样本中的国家数量随时间的推移不断变化（例如，诸如阿尔及利亚和印度这样的国家在第二次世界大战之前并不是独立的实体），我们展示每年采取的专利改革的数量与相关十年开始时样本中的独立国家数量的比值。图表突出显示了这样的事实，即专利保护中的变革是很普遍的事情。事实上，专利政策变化有五个可见的高潮。例如，我们可以看到，在上述第三个场景中讨论的在 19 世纪 50 年代和 19 世纪 60 年代的“专利争论”。20 世纪 90 年代最近的一次浪潮与世界范围内已经发生的变革有关，这些变革与世界范围内的专利政策——该政策在 1993 年结束的世界范围内有关关税和国际贸易的“乌拉圭回合”谈判中达成一致——的协调努力相对应。

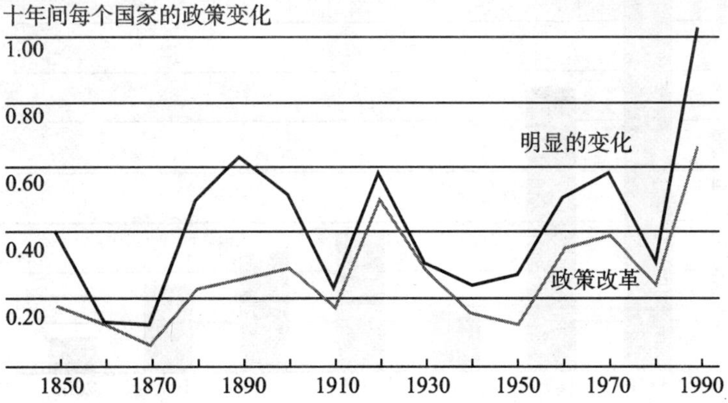

图 3—1　每十年发生的专利政策变化

91 下面两个图表表明，我们在上面突出强调的变革并不是唯一的或特有的片断。相反，这些争论和政策变革代表着当我们步入现代时，专利系统更一般性地进行变革的方式。

最初，当我们回顾在17世纪初议会对女王伊丽莎白授予的专利提出反抗时，主要关注的是统治者所拥有的裁量权程度。现代专利系统的发展需要对这种执行判断施加制度化限制。类似地限制统治者自由的过程——无论是君主、首相还是总统——在全球范围内都体现得淋漓尽致。

图3—2描述了减少统治者在授予专利过程中的自由裁量权的历史过程。“自由裁量权”有许多要素，但一般的趋势可以通过检验能够被轻易衡量和比较的关键要素看到：君主或管理人员在无须从立法机关获得任何特别许可就将专利使用期限扩展到规
92 定授予期限之外的能力。随着时间的推移，政府官员拥有的这一自由裁量权程度已经显著降低：政府官员能够提供的平均延期已经从1850年的接近8年下降到2000年的少于1年。我们也可以讨论政府官员行使自由裁量权的许多其他方式，例如在未得到专利权人允许的情况下，中止或发放专利许可证的权力，改变专利权人缴纳的费用的能力和以不同方式审查专利申请的特权。这些

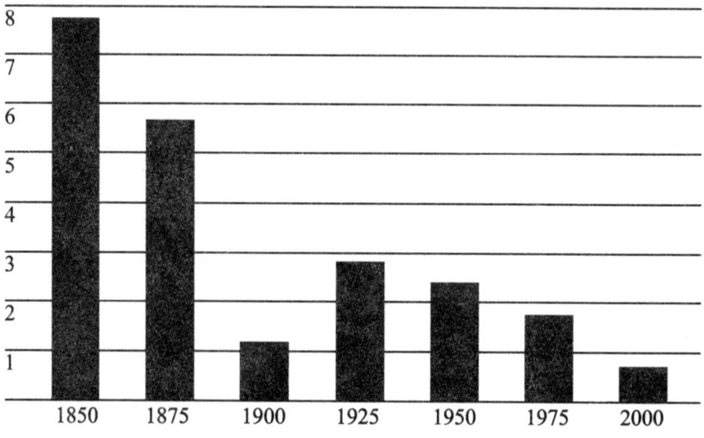

图3—2 在60个国家中政府官员能够延长专利寿命的平均范围

分析全都告诉我们一个类似的结论：政府官员的自由裁量权已经日益但系统地受到特定的专利法规的限制。

早期英国专利争议和荷兰争议的一个突出特点是人们希望看到，只有在通过一些系统的标准测试之后专利才能被授予，以确保专利只授予真正的发明者。甚至在随意的皇室恩赐被限制之后，许多国家发展出类似荷兰 1817 年法令的“登记”系统，在该系统中，确定专利是否真正有效的艰苦工作被推给法庭。对可疑的专利提出诉讼所伴随的成本和破坏性后果是人们关注的焦点。

图 3—3 显示，有相当多的国家对专利的授予从登记系统转为审查系统。随着时间的推移，在颁布专利之前审查专利——而不是自动将专利授予那些满足基本要求的人——的国家的百分比已经显著增加。其份额已经从 1850 年的 35%增加到今天的近 70%。而且拥有审查系统的这 70%的国家包括所有主要的工业化国家，大量的技术创新就来自这些国家。 93

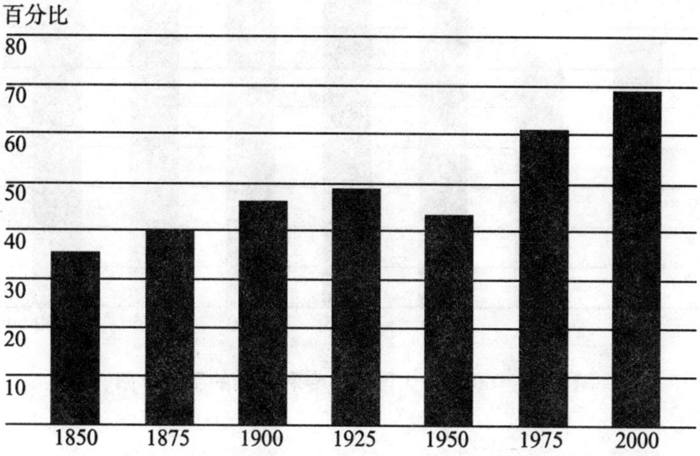

图 3—3　有正式审查系统的 60 个最大国家中的专利系统的份额

最后的数字说明了另一个问题，这一问题在本章中没有详细展开，但是在后面的几章中将成为重点。专利保护变得更加强大，这已经使人们越来越关注这些奖励提供的方式。即使审查专利所用的方式的质量并没有改变——正如我们将要讨论的，至少在美国国内，我们有很好的理由对此表示忧虑——这些奖励现在远比它们曾经显示的更重要，所以，错误的成本更高。虽然在下面的内容中，我们将强调美国的经验，但这种现象是真正的全球化现象。

94 图 3—4 描述了专利保护的一个衡量指标：经常性授予的专利的最长时间期限，图中的数字也是我们的样本中所有有效国家的平均值。虽然在该衡量指标中会存在一些增减——我们可以看到，在 19 世纪 60 年代的反专利运动期间平均专利寿命降低，但是，基本的趋势是专利保护期限更长。今天专利平均保护期限比 1850 年时的平均保护期限长 40%。这种专利持有人获得的保护程度的增加表明，确保专利的有效性——正如我们已经看到的，这个问题长久以来一直引起激烈的争论——在今天特别关键。

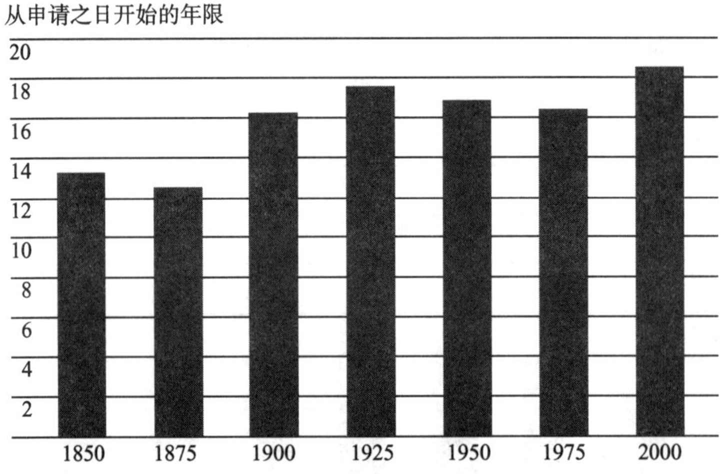

图 3—4　60 个最大国家中专利奖励的平均年限

历史教训

正如我们注意到的，今天在美国争论的问题并不是一个新鲜
95 的话题。对专利系统的运作方式的争论已经延续了几个世纪。在
今天议事日程上的同样问题——例如及时奖励发明者的能力、专

利局提供的审查的质量和强制执行专利的诉讼所产生的风险和负担——早已频繁成为激烈争论的主题。

此外，这些片断突出显示了这样的事实，即不存在一个有效方案能够解决这些困境。当然，我们已经看到了随着时间的推移出现的趋势：正如我们在上面强调的，专利局官员已经很少能自由酌情掌握他们授予专利的方式，专利奖励已经得到力度更大的详细审查，奖励的期限已经变得更长。但是人们已经尝试了组织专利系统的许多不同方法，而且在世界范围内存在许多各不相同的方法。但是，尽管该系统已经组织起来，仍然可能有一些人认为专利太容易或太难获得以及太容易或太难执行。

最后，强调历史上专利争论的循环性很重要。伊丽莎白时代对专利授予规则的滥用——统治者可以用钢笔一划就授予专利——导致专利体系的改革，这样的改革在 18 世纪的英国被认为代价太昂贵和太困难，以至于申请人难以获得专利。1817 年荷兰法律使获得专利非常容易，并且使专利对专利权人而言力量强大，它所引起的不满导致荷兰废除了专利制度。专利制度被废除相应地增加了发明者的抱怨并且最终导致重建专利法制。通常，修订专利法产生的问题与解决的问题一样多。专利政策真正是结果不可预料的领域。

第4章　沉默的革命

96 我们现在从漫长的历史进程中回顾过去 20 年美国发生的变化。这些年出现两个变化，它们可能最初显得微不足道：专利争端上诉在联邦法院审理的方式以及在专利局筹集资金中的一些甚至更微妙的变化。但是，正如我们将要看到的，这些变化会产生深远的影响。

鉴于在前一章描述的历史上专利政策像钟摆一样的性质，读者会毫不惊讶地看到它过去 20 年的变化与更大的历史背景相对应。19 世纪末和 20 世纪初，专利权人实际上可自由从事任何活动，无论看起来有多么违犯竞争规则。例如，管理者可能不会阻止拥有专利的多家公司联合起来形成专利池，这样的专利池随后被用于共同限制产量和控制价格。1902 年，美国最高法院提出“根据美国的专利法，一般规则是使用和销售专利权完全自由。这些法律的真正目标就是垄断”[65]。

从世纪之交的这种高潮标志来看，专利向它们的所有者提供 97
的权利开始了长时间的逐渐降低过程。20 世纪的一系列法院判决侵蚀着专利持有人对限制性实践的宽容态度。事实上，20 世纪 70 年代，公司使用专利来获得竞争优势的做法被管辖竞争和反竞争行为的法律严格限制。司法部颁布了“九不准”，“九不准”禁止广泛范围内看似无害的战略上的专利使用。当 20 世纪 70 年代整体经济形势恶化，并且日本尤其看起来在技术竞争游戏中正在“打败”美国时，越来越多的人叫嚣采取行动加强美国的创新系统。

因此，一方面，20 世纪 80 年代和 90 年代的“亲专利”政策变化可以看做是长期弱化专利之后不可避免的、也许甚至是人们需要的历史性“回摆”。从这个观点来说，有一定的真理性。但是，它并没有捕捉到已经发生的事情的全部。如果在 20 世纪末唯一发生的变化是在长期衰落之后加强专利权，那么我们也许将不会撰写本书——虽然有人仍然希望探讨这次摇摆是否太极端了。但是，正如在引言中所述的，已经发生的事情是加强专利权和降低授予专利标准的组合。对这种特殊的变革组合来说，没有自然的或历史的根据。没有证据表明，有人考虑过将更强大的专利和更容易获得的专利组合起来的可能效果。当我们增加了一个最终因素——这些变化在诸如软件和生物技术这样的技术上和经济上的关键部门最能戏剧性地展现自己——我们所拥有的“完美风暴”所需的环境的不同寻常的组合是一种复杂和强化的政策混乱，而不是温柔地摇摆的钟摆。

虽然正是这种环境组合对这样的混乱负有责任，但在能够理解该组合和相互加强的影响之前，我们需要单独地了解每一种变 98
化。本章将讨论法院的结构改革；第 5 章将考虑对美国专利商标局的管理状态的变革。

背景

自从合众国诞生之日起，几乎所有涉及专利的正式争端都在联邦司法系统中审理。[66]鉴于这样的事实，即专利是由联邦政府授予的，并且是内在的全国性权利，所以国会将专利诉讼分配给联邦法院。初始诉讼必须在一个联邦“地区”法院进行。一旦案件在地区级别法院判决，一方或多方可以对地区法院的判决结果提出上诉；这种上诉由“上诉”法院审理。1982 年 10 月，新的集中受理专利上诉的法院建立，该法院名为联邦巡回上诉法院。这种转变是如何发生的呢？而且为什么它对专利系统有如此显著的影响呢？

1982 年之前，专利案件的上诉——像所有其他联邦法院案件一样——由 12 个巡回上诉法院中的一家法院审理，每一家巡回法院对应一个地理区域；例如，第一巡回法院管辖新英格兰地区（和波多黎各）。这些地区巡回法院在对专利法的解释方面存在相当大的差异，其中的一些巡回法院比其他巡回法院对专利权利请求的支持力度更大。法院对专利必须是非显而易见的这一要求（在引言中讨论过）进行解释的方式是一个最好的例子。例如，当解释设计专利时，一些巡回法院要求发明不能对“普通的设计人员”来说显而易见。其他巡回法院则使用更宽松的检验，即设计对“拥有普通智慧的人”来说不能显而易见。[67]虽然差别可能看起来只是语义学上的，但含义却通常相差很大，因为可以预期普通的设计人员比仅仅是“智力正常的普通的人”更有能力创造出新设计。因此，使用“普通设计人员”检验可能认为不重要的
99 许多发明（即对假定的“普通设计人员”来说显而易见）会被其他法院认为很重要——并因此值得授予专利，因为“智力正常的普通人”将不会发现这些发明显而易见。

图 4—1 中说明了专利诉讼结果中的持久差别，该图描述了

1953—1977 年间在不同巡回法院专利持有人获胜的案件的比例。当然，按照地区对案件的选择可能并不总是随意的：例如，第一和第九巡回法院可能有更多的涉及高科技公司的上诉案件，因为这样的公司在马萨诸塞州 128 公路地区和加州硅谷很集中。另外，各方对案件进行上诉的意愿可能也受它们对在上诉法院中的可能结果预期的影响。但是，案件组合中这样的变化不可能解释这里所见的巨大差别。例如，为什么在第八巡回法院（覆盖大平原各州）提起诉讼的专利可能有效的判决是在第十巡回法院（洛基山脉）做出的专利可能有效的判决数量的七分之一，是第七巡回法院（伊利诺伊州、印第安纳州和威斯康星州）的四分之一？[68]

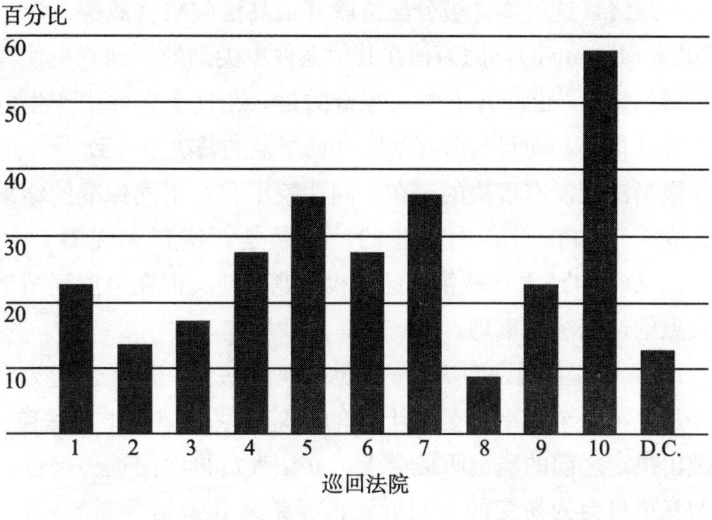

图 4—1 在巡回法院上诉的案件中，裁定专利价值和侵权行为的案件的比例，1953—1977 年

很显然，在不同联邦巡回法院中冲突的或不一致的判决并不限于专利法。一般地，当人们在某一法院中败诉，而按照另一法院的法律标准其本会胜诉的时候，他们会向联邦最高法院上诉，要求最高法院推翻不利的巡回法院裁决，并且用一家不同的巡回法院采用的原则或方法替换。事实上，不同巡回法院间相互冲突的解释或政策是联邦最高法院裁决是否审理特定案件时使用的一个标准。当联邦最高法院对巡回法院先前出现矛盾的一个领域做出裁决时，所有巡回法院都必须采用联邦最高法院规定的标准或方法。因此，原则上，巡回法院之间的差异应该被认为是暂时性的，只持续到联邦最高法院有机会参加和解决不一致意见时。

但是，对于专利法来说，重要的差异会持续下去，因为联邦最高法院很少审理与专利有关的案件。[69]联邦最高法院法官不愿意将他们的时间用到他们认为无聊的商业争端上。例如，20 世纪
100 70 年代期间“联邦最高法院”审理的少量案件中的一个案件涉及将奶牛产生的垃圾从挤奶厂地板上冲刷掉的一个设施的争端。由谁负责为这件“奶牛垃圾案件”撰写意见是一件颇具争议的事情——最终，这一案件被分配给联邦最高法院法官威廉·布伦南(William Brennan)，因为他在其他案件中尖刻的不同意见使首席法官很反感。[70]也许并不令人惊奇的是，在这个案件中产生的判决条理性很差，而且与联邦法院自己早期的裁决不一致。[71]

最高法院没有解决的、在不同法院中存在不同标准的结果是什么呢？正如在引言中描述的，结果是“疯狂和无尊严的竞赛”。[72]专利申请人和被指控的侵权人竞相使案件在可能同情他们的观点的巡回法院审理。

1982 年，美国国会决定一劳永逸地解决这一混乱。它为专利案件建立了一个集中式受理上诉的法院：联邦巡回上诉法院。[73]在做出决定之前的国会听证会上，立法人员再次向选民保证，所
101 做的变革将会为易变的专利诉讼世界带来其迫切需要的一致性。另外，新法院——位于华盛顿，但可在全国范围内审理上诉——被认为减轻了现有受理上诉案件的法院的负担。

但是，从一开始推出这项立法时，华盛顿的知情人就怀疑新法院能否显著促进专利持有人的权利。例如，导致召开国会听证会的一个关键报告是政府的“行业创新的国内政策评论”。该报告不断参考美国面临日本公司的竞争威胁、在 20 世纪 70 年代风险资本融资和首次公开募股活动的减少、当时许多行业中特有的

大量裁员和节省开支。相关小组委员会的报告突出显示了强大的专利系统具备使公司克服当时许多竞争性挑战的能力。

> 我们的小组委员会得出结论认为，专利系统是我们的自由企业系统的主要要素，专利系统已经运行得非常好，而且已经对我们国家的经济发展做出了重大的贡献。我们的小组委员会成员都非常愿意接受这样的看法，这些成员直接在专利系统中工作了许多年，我们倾向于认为理所当然的是……［该］专利系统虽然基础很好，但应该得到加强，以使它能够更好地推动将创新商业化的决定。[74]

该委员会建议，在这些步骤中，首要的步骤是为专利案件建立集中的受理上诉案件的法院。

现实已经证明小组委员会对专门的法院将树立更好的专利保护的确信是合理的。在某种程度上，新法院将要采纳的亲专利展望可能已经成为选择法官过程的结果。事实上，当时人们已经认识到专门法院有可能局限性太强。为了反映一些成员的关注，众议院指出，该法院应该具有不同范围的背景。正如对该法案进行 102
总结的国会报告中所说的，“这［部分］并不禁止总统为 CAFC 任命专利律师……［但是］需要向总统明确发出的信息是，他应该避免过度专业化”[75]。

尽管存在这些关注，但 CAFC 的 12 位成员中的许多新法官都有着丰富的专利系统经验。最初的五名法官来自关税和专利上诉法院，这是审理专利申请者和专利商标局之间（但不是私人各方之间）争端上诉的专门机构。新法院的首席法官霍华德·T·马奇是一名专利律师，他先前主持旧的法院。法官贾尔斯·瑞奇在 1999 年以 95 岁高龄辞世之前，一直是该法院的活跃成员。他是起草 1952 年专利法的两人委员会成员，并且被广泛认为是“现代专利法之父”。[76] 随后几年中加入进来的法官——包括波林·纽曼、艾伦·劳瑞和兰德尔·瑞德——都拥有丰富的专利问题经验。无论他们的培训和工作经验是否产生结果，许多法官都被证实有亲专利观点。甚至当他们与非专业人员一道工作时，通常，了解专利的法官被要求——或自愿——带头策划和撰写专利案件中的裁决。[77]

但是，亲专利倾向可能几乎也是建立特别法院不可避免的后果。为专利案件建立专门法院并不是一个新想法——仅仅在1887—1921年间就提出了至少32项建立这样的法院的议案。[78]但是，这些早期努力都失败了，至少部分原因是许多从业人员和学术人员长久以来就认为创建这样专门的专利法院将会产生严重的负面后果。

先前在创建专门的专利法院的过程中看到的第一个危险是产生"井蛙之见"。在这样的专门法院中的法官可能无法看到公司开展业务的更广泛的环境。人们对专利法院独立于其他学科可能发生的事情进行了可怕的预测：

> 专利法并非存在于特拉比斯特（Trappist）修道院的封
> 103 闭和寂静之中……一旦你将专利法从它现在赖以存在的自然环境中分离出来，那么你就将其约束在使它暴露在自我修正的法律力量的领域中。迟早，这样一种与其他机构相隔离的法律机构会发展出它自己的专业语言、独特的思维方式、内部政策……这不同于一般法律所追求的政策，甚至有时与一般法律所追求的政策格格不入。[79]

在这样的调整中，批评家们担心，专利法官和执业的专利律师可能内在地产生转变，形成自己的语言表达特色。他们可能开始将专利系统自身看做是一种目标，而不会考虑它是更广泛经济系统的一个要素。

这一问题的类似表现可能甚至更成问题：法官可能被该领域唯一重要性的信念所支配。正如理查德·波斯纳（Richard Posner）认为的，专门法院的法官可能特别倾向于认同政府规划。[80]

换句话说，他们可能容易被那些从这些项目中获益的人“俘虏”。

1910 年建立的管理铁路和公用事业的专业法院——商业法院的经验通常被提出作为这种危险的一个例子。[81] 在建立该法院之前，州与州之间的商业委员会判决的上诉由各个地区法院审理。这种过程不仅导致延迟，而且在全国范围内应用这些法规的方式也不一致。许多人认为，解决方案是建立一个全国范围内的法院。但是，甚至在建议阶段，这种法院的概念都引起了相当大的敌意：许多进步人士担心，铁路联盟将会被指定给这个法院，或者，甚至公正、无偏见的法官得到任命，与这些公司的代表的频繁联系将导致法官愈益同情铁路公司的观点。新法院的命名很困难，也许正是这种一致意见的反映。由于当时就被一些最具争议的案件所拖累，在其早期判决中，法院被认为偏向铁路公司，并 *104*
且试图不适当地控制州与州之间的商业委员会。在新法院建立之后不到 3 年，就被国会宣布废除。

对提议中的法院进行批评的人士关注的另一个问题与工作满意度有关。我们大部分人都希望在我们的工作生活中有不同的挑战，法官也没有任何理由有所不同。怀疑者可能会认为，许多律师都专攻一个既定实务领域。但是，一般律师会担任很多角色，从对案件进行辩护到协商交易以提供非正式指导。一名受理上诉的法官只能做一项活动——审理上诉案件。进一步将活动范围限制在单一领域的案件可能会显著降低法官职位的吸引力。

最后，一些人在 1982 年担心可能出现操纵任命过程的情况。尽管对政治家来说，可能很难审查掌握各个学科知识的受任人，一个专门法院确保特定类型的裁决的受任人可能更容易审查。这种狭隘的关注可能导致创设过于理想化的法院，它反映主要执行人员的政治偏好——或者失衡的控制任命程序下获取的特殊利益。

尽管存在这些保留意见，联邦法院修正法还是在 1982 年建立了 CAFC。有关新法院具有更高的效率和一致性优点的论点——以及一些人希望看到强化了的专利系统的需求——取得了胜利。

整体影响

在随后10年的一件又一件案件中，该法院显著扩大了专利持有人的权利。将CAFC的裁决与先前法院的裁决相比较就可以看出这个重大的变化。也许审视这种变化的最自然的方法是累积统计制表。巡回法院在CAFC创建之前的30年中确认了62%的地区法院专利侵权裁决结果，然而CAFC在其最初8年中就确认了90%的这样的判决。另一方面，当地区法院认定一项专利无效
105 或未被侵权时——因此驳回专利权人强制实施专利的请求——巡回法院只推翻了12%的案件裁决，而联邦巡回法院在成立后的最初8年中，有28%的这样的案件裁决被推翻。[82]

图4—2描述了这种变化，该图说明了从1925年到1993年上诉法院（无论是CAFC还是先前的巡回法院）认定专利有效和被侵权的案件数量的变化。这显示出，在CAFC创立之前的时期，只有不到30%的裁决认定专利有效并被侵权。在CAFC建立之后，被认定专利有效和被侵权的案件份额显著增加。[83]

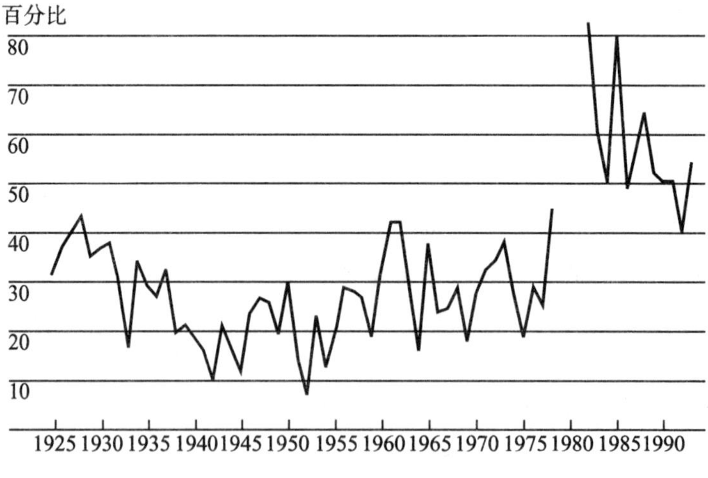

图4—2　上诉案件中发现有效和被侵权的专利的份额

事实上，在图 4—2 中的比较很可能显著低估了摇摆的幅度。当我们使专利持有人戏剧性地更容易在法院获得胜诉时，我们可以预期更多的案件将被提出，因为在原有制度下不会试图申请强制执行的可疑专利持有人现在可能被诱惑打官司。即便在亲专利
法院，这些可疑专利胜诉的可能性都很小，因而它降低了专利持 106
有人获得胜诉案件的总体百分比。随着时间的推移，我们将预期，潜在诉讼人对不断变化的标准做出的这种反应将导致新法院和旧法院之间的表现差别缩小；事实上，这就是我们在图 4—2 中看到的。但是，当专利持有人胜诉案件的比例下降到先前胜诉的比例时，这并不意味着 CAFC 失去了它亲专利的立场；相反这意味着专利持有人赢得了与他们此前赢得的同样多或更多的案件，甚至越来越多的边缘案件都得到维护。

案件组成带来的这种可能的变化很难量化，我们很难解释 CAFC 在近年来的绩效与过去地区巡回法院的绩效进行的任何比较。但是，可能的情况是，提起诉讼的案例的性质要花几年时间改变，如果只是因为在任何给定年份中上诉法院审理的案件能够几年前就开始审理。因此，根据 CAFC 建立之后立即看到的短期变化，我们就能够得出方向改变的清晰象征。而且这种差别是很显著的。在 CAFC 运作的最初 4 年中，专利持有人在 68%的专利案件中获胜。正如我们从图 4—1 中能够看到的，这种成功率高于专利权人在旧的体制下在最亲专利的巡回法院（第十巡回法院）中取得的成功率。因此，CAFC 不仅使专利诉讼标准化，而且使专利诉讼比此前数十年中任何地方的专利诉讼都更亲专利。

由于切实不可避免，这种变化已经影响到最初审理专利的地区法院。（要记住，CAFC 是上诉法院，它审理的上诉案件已经在地区级别进行了最初裁决。）毕竟，没有法官愿意看到他的裁决被推翻并被批评。图 4—3 中显示了新方向的影响。[84]在 CAFC 创建之前，在地区级别，大约有 30%的专利被裁决有效和被侵权。在 CAFC 创建之后，判决维持专利授权的百分比上升到 55%

以上。

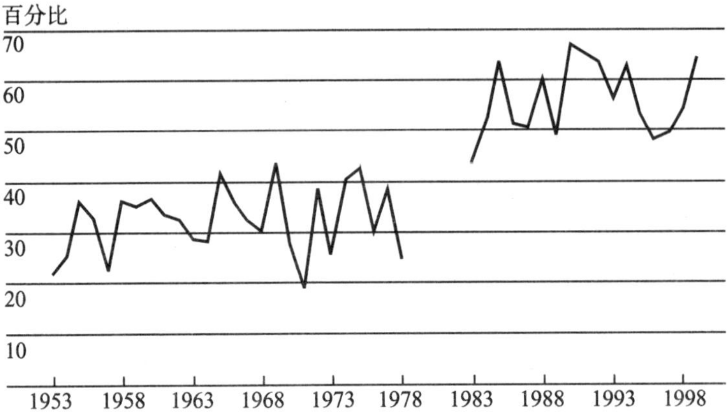

图 4—3　地区巡回法院中有效和被侵权的专利的份额

同样，暗中可能有更多的诉讼从未进入公众视野。在提请诉讼之前，专利持有人通常会给他们的竞争对手写信，宣称“我们
107 认为你侵犯了我们的专利”。事实上，在一些情况下，他们发送了准备在法院上呈递的详细法律控告书。在许多情况下，这样的交流会导致双方之间激烈的讨价还价，并且私下和解。这样的和解并没有出现在此处或引言中展示的汇总中。但是，我们可以预期，而且与商业人士和他们的律师之间的交谈也证实，CAFC 的亲专利立场已经深远地影响了这样的协商与和解，而且受到指控的侵权人更倾向于付款并和解，而不是在法院上抗辩。

联邦巡回法院如何改变了一切？

前一章中显示的统计汇总表明，有些情况已经发生。但是更具体一点，该法院如何扩大了专利持有人的权利？全面了解原则的改变是一项有挑战性的任务，它要求我们深入到专利系统的神秘细节中：例如，这些裁决的标准汇编《专利和联邦巡回法院》
108 有 1 200 页，而且该书的许多地方都是用非常小的字体书写的。

相反，我们的目标相比之下更适度：凸显 CAFC 已经显著影响专利法的一些领域和能够表明自身蕴涵意义的一些裁决。

作为对 CAFC 的裁决进行概述的序幕，让我们审视一下典型的专利案件如何发展，以及法院对影响审理过程的法律标准的解释中的关键要点。当专利权人呈递诉状，指控作为被告的一方或多方侵犯其专利时，侵权案件一般就开始了。诉状通常要求通过下列方式解决被指控的侵权行为：(1) 法院作出禁令命令被告停止侵权；(2) 被告支付金钱为侵权实际停止之前的侵权行为提供赔偿。被告一般通过陈述下列事宜做出抗辩：(1) 我们的产品和工艺没有侵犯你的专利；(2) 你的专利不管怎样都是无效的。

大部分专利权人要求他们的案件由一个陪审团裁决（更多的信息请看下面）；如果没有陪审团，那么该案件由地区法院法官裁决。甚至在有陪审团的案件中，法官仍然发挥着重要作用，法官在审判之前和审判中决定许多法律问题，而且构思对一个问题或多个问题的精确措辞，以将其提交给陪审团供其裁决。

虽然通常将会有许多次要问题，但大部分专利案件的核心由下列问题组成：确定专利是否真正有效，如果有效，确定被告的行为是否侵犯了该专利权人的权利请求。因为一项专利是政府规定的管理过程的结果，所以可作为法律上的问题，假定它有效。这意味着被指控的侵权人必须承担相对较重的举证责任以赢得无效裁决：它必须通过“清晰和令人信服的证据”表明，该专利无效。这种标准并不是与应用于刑事案件的“超过合理怀疑”标准一样高，但是，如果一个人想象一种假想天平，每一方的证据在这样的标准上都是平衡的，这样，要想证明专利无效就需要在无效性方向上超出哪怕是一小步。比较而言，在侵权问题上双方没有任何法律假设存在。这意味着，为了证明侵权，专利权人需要 109
证明，“证据的优势”有利于侵权裁决；只要天平朝着侵权方向即便是倾斜最微小的一点，法院就会裁决侵权。

一旦呈递诉状并得到应诉，法律争斗就在法官的监督下进行。在审理之前，有一段调查取证期，在这段时期，每一方都收集它所需要的证据，包括可能属于另一方，但是如果被要求就必须提供的证据。在这段审判前的时期，法官将会做出决定审判将如何进行的裁决，重要的是，它包括有关专利权利请求应该包含什么含义的法律解释。例如，如果在权利请求中使用了某些语句，并且各方对权利请求文本中的这些语句的含义存在争议，那么法官必须在要求陪审团裁决权利请求是否被侵犯之前解决这些争议。在某些情况下，法官可能发布处理该案件（一方或另一方）的裁决，使该案不会进入到陪审团程序。败诉的一方可以针对任何这样的裁决向 CAFC 上诉。

由于这种审判前过程，在诉状呈递和地区级别法院做出裁决之间花费几个月甚至几年时间的情况并不罕见。有时，专利权人将要求初步禁令，这是甚至在审判开始之前就停止被指控方侵权行为的法院命令。这种请求由地区法院法官回应（虽然法官的决定可能被立即上诉到 CAFC）。初始禁令的目的是防止审判进行期间专利权人可能遭受的不可逆转的伤害。为此，为了获得初始禁令，专利权人必须证明，当案件最终审判时，他非常有可能胜诉，而且在审判结束之前他一旦被侵权就会遭受很难弥补的伤害。

一旦陪审团或者法官（如果没有陪审团）已经对案件做出裁决，那么法官就对补偿措施（如果有）做出最终裁决。法官审查陪审团做出的任何有关金钱的裁决以确保它的合理性，而且法官决定是否为防止继续侵权颁发禁令。另外，对最终裁决仍可以向 CAFC 上诉。

110 与任何其他“游戏”一样，这些竞争的结果是对它们所遵循的规则非常敏感的。而且正是 CAFC 制定这些规则。我们现在看看这个游戏的规则如何系统地朝着有利于专利持有人的方向转变。

更强大的补偿措施

如果专利持有人能够证明侵权行为，他就可以要求两种类型的补偿措施：侵权之后的赔偿金和禁止未来对专利侵权的禁令。CAFC在这两个领域中都增加了专利持有人的特权。我们将首先关注损害赔偿金的变化。

这些损害赔偿金可以用两种方式计算。相对保守的方法称作“合理专利使用费”。根据这种方法，法院假定当事人双方愿意在专利授予时达成许可证协议。法院随后确定双方在这样的假想协议中所协商的专利使用费，并且裁定损害赔偿金等于根据这种假想许可证协议支付给专利权人的专利使用费金额。第二种方法“利润损失”（计算办法），是假定专利侵权没有发生时的替代情形。将专利持有人在这种假想的情形中可赚取的利润与公司实际赚取的利润相比较。这些差额可能来自较低的边际利润——没有垄断，专利持有人必须以较低价格出售商品——或来自较少的销售项目。专利持有人也可自由提出更多的推理性证据，证明如果没有花费大量精力同侵权行为做斗争，他们本来可以很成功地推出许多成功的扩展产品。

CAFC增强了专利持有人在此类案件中获得高额赔偿金的能力。首先，根据最高法院的一些鼓励措施，声称被侵权而要求获得赔偿的人更容易按照利息增加他们的赔偿金。[85]其次，这些措施鼓励使用利润损失（计算方法），而不是使用更恰当、更合理 111
的专利使用费计算方法。[86]有些变化总体来说很合理，例如，很少有人会争论需要等待很长时间以获得有利判决的被侵权一方应该获得赔偿金利息以补偿长时间的损害赔偿延迟这一问题。但是，在其他一些情况下，增加专利持有人赔偿金的举措可能出现问题。例如，在一些情况下，CAFC使专利权人有可能得到按合理专利使用费和利润损失两种方法计算的赔偿金总额。[87]

其次，CAFC增强了专利持有人向潜在侵权人索要更巨额的赔偿金的能力。即使这些权利并未在所有案件中行使，但它们可能增强了专利权人在审判之前、其中或之后协商和解时的讨价还价能力。

也许，CAFC增强专利权人可用的救济措施时最引人注目的手段是临时禁令救济的可获得性。作为一项一般性法律原则，初始禁令——在审判开始前颁布——被认为是相对极端的行为，只有在防止不可撤销的损害时才是正当的。专利持有人长期以来被认为没有资格使用这种补救措施，因为与侵权关联的损害仅仅是商业上的，因此，可以通过事后命令侵权人向专利持有人提供补偿来补救。事实上，当诉讼补偿的结果完全是货币时，它们绝不是不可逆转的，因为金钱始终可以偿付。因此，在诉讼实际上不能解决问题的案件中临时禁令才可用，例如将狼放养到国家公园（这样的案件），但是历史上临时禁令用于专利案件是极为罕见的。

CAFC 打破了长久以来存在的惯例，它允许在有争议的专利案件中使用初始禁令。[88]该法院使专利权人可以终止竞争对手的业务（通过初始禁令），甚至在专利被证明有效之前，只要（申请人能证明）理论上由于侵权行为本质上的不可逆转，赔偿金的后续计算或支付不确定到足以造成伤害。虽然一些观察家认为，CAFC 对这种严厉步骤的同情近年来已经在某种程度上减退，但
112 事实仍然是，甚至在审理之前就可以终止被控的侵权人业务的初始禁令现在已成为对专利侵权诉讼进行抗辩所产生的实实在在的风险。即使出现这种情况的可能性并不是很大，但是它标志着专利持有人和被指控侵权人在协商解决它们的争端时，其相对讨价还价的能力发生了重大改变。

这种“使桌子倾斜”的现象——或者改变专利持有人和被指控侵权人讨价还价的相对力量——也已经通过其他方式体现出来。其中的一种方式是如果审理的结果是确定会产生侵权裁决，那么专利持有人要么将获得终止侵权人进行营业的永久禁令，要么获得一定数量的货币赔偿。

虽然可能看起来专利持有人应该有权终止已经证明侵权的业务，授权这样一种禁令的惩罚不是强制性的要求，而是由法院自由裁量。历史上，专利权人独家使用获得专利的技术的权利已经被与现有产品的大型制造商停产相关联的主要社会成本所抵消。鉴于有时需要很长时间来解决这些案件，制造出已有产品、诚实地相信它

没有侵犯其他人专利的公司在最终被发现侵权时，可能会允许支付持续的专利使用费，而不是终止业务。但是，CAFC 已经显示出更大的意愿使专利持有人能够在审理之后，永久性终止侵权人业务，而不顾人们对这样的举措所导致的社会伤害的关注。[89]此外，可以获得补偿的各方的类型增加了。历史上，如果专利权人自己并没有制造获得专利的产品，在这样的案件中，法院通常拒绝关闭侵权人的公司。因为专利权人没有出售获得专利的产品，这表明专利权人并没有为社会利益服务。CAFC 在这方面表现出更大的灵活性，因此为个人发明者提供了强有力的武器。[90]

为了解这些转变的重要性，我们将考虑一个有创意的案例：伊斯曼柯达（Eastman Kodak）和宝丽莱（Polaroid）之间为“一分钟”快照业务进行的艰苦斗争。[91] 113

争端的起源在于宝丽莱公司研究人员的天赋。在其卓越的创始人埃德温·兰德（Edwin Land）的带领下，宝丽莱在 1947 年推出了第一代一次成像照相机。不需要当时通用的在暗室中显影的胶片，这种新相机的胶片与能够使照片成像的显影剂和摄影用“定影剂”捆绑在一起。随着 1963 年 Polacolor 的开发、不成功的 Polavision（一种一次成像彩色电影系统）和 1972 年无纸 SX-70 照相机的开发，公司继续走在技术前沿。为了体现兰德强大的信念——有必要建立强有力的防御地位——公司常常对其创新申请专利：兰德本人就是托马斯·爱迪生之后拥有最多专利的单一专利持有人。

1969 年，柯达——过去与宝丽莱合作的规模大得多的照相胶片制造商——做出重大决策，即亲自进入一次成像照相机市场。通过与专利律师密切合作，柯达试图开发出不侵犯宝丽莱的专利的一次成像技术方法。柯达在 1986 年 4 月高姿态进入该市场，在一个星期之后，宝丽莱提起诉讼，宣称它的 10 项（后来是 12 项）专利被侵权。

接下来发生的事情是历史上最昂贵的专利斗争之一。双方的审前调查用了五年半的时间，案件产生出数以千计的物证和数以百计的口供。审判本身持续了 75 天；而且在法官里亚·索维尔

(Rya Zobel) 作出裁决之前，时间又过去了三年半。最终，柯达被裁决侵犯宝丽莱的 7 项专利。

改变的法律环境在后续发生的事情中最赤裸裸地显现出来。当法院考虑是否施加永久性禁令时，柯达认为（禁令导致的）社会伤害将非常巨大：

- 已经在消费者手中的 1 600 万台一次成像照相机将毫无用处。
- 800 名全职雇员和 3 700 名兼职雇员将冒着失去他们的工作的危险。
- 在工厂、财产和设备上的 2 亿美元投资将报废。

114 另外，公司将承担大约 1.5 亿美元的现金支付成本以应对将出现的向消费者部分退款的情形。

这些潜在成本并没有动摇法官索维尔，她命令该公司退出一次成像照相业务。柯达立即将该裁决和禁令向 CAFC 上诉。通过两次快速决定，CAFC（上诉法院）拒绝在上诉争议处理完毕之前维持禁令——迫使柯达立即退出一次成像照相业务——并且上诉法院最终驳回了上诉。在 1996 年年底，最高法院拒绝审理针对此次裁决的上诉。

而且这只是柯达痛苦的开始。这出戏剧的最后一幕是确定侵权损害赔偿金的审判，该审判本身持续了 96 天。宝丽莱认为，“合理专利使用费”计算将低估它的损失，因为它在任何情况下都不会向柯达授予专利许可证。法院同意并且判决 4.54 亿美元的赔偿金（该赔偿金几乎将“利润损失”和“合理专利使用费”的赔偿同等划分）和另外 4.55 亿美元的利息。虽然这远低于宝丽莱索要的 120 亿美元——值得注意的是，本案的法官专门拒绝了这样的论点，即如果柯达没有出现在市场中，那么宝丽莱本应该收取更高的价格或者改变它的产品推出时间表——该金额是迄今为止专利案件中最高赔偿额的 4 倍。虽然双方都提出上诉，但最终两家公司以 9.25 亿美元解决了该争端。这一数额接近最终判决的金额。

很难明确说明这些赔偿金是多，还是少。但是，很明显，巨额赔偿金的回报和禁令救济（injunction velief）可能性的前景——特别是与第 5 章中我们将要讨论的专利质量下降相结合——已经产生出对各方解决争端的巨大压力。即使被指控的侵权人确信他是正确的，鉴于诉讼过程的不确定性和巨额罚款的可能性，他仍然可能选择和解。结果可能是，一家有真正创新性的公司试图向市场推出有价值的新产品，最后却要获取一项无效专利的许可证以使用它自己的技术，才不会出现诉讼成本和骚扰。这样的场景非常令人担忧，原因有几个：

- 第一，当然，向一个无效专利支付专利使用费的公司将蒙受损失。按净值计算，它从它自己的发明中获得的奖励少于它应得的奖励。 115
- 第二，该公司的同行可能受到伤害：如果第一家公司选择与侵权诉讼做斗争，而且该专利由于无效而被取消，那么专利持有人将不能纠缠行业中的其他公司。换句话说，一家公司决定对专利进行抗辩会产生“社会效益”，行业中被作为潜在目标的所有公司都能从中受益。更糟糕的是，和解可能实际上使其他公司更难挑战被确认的专利，因为专利持有人可以使用第一家公司和解的事实作为专利有效性的证据。

最后，如果支付诸如此类的保护费被认为是推出新产品的例行成本，那么整个创新过程将变得更加昂贵。结果是，创新将更少，而且社会作为整体情况将更差。

扩大能够得到专利的主题数量

过去几十年中，专利保护涉及的领域不断扩大。虽然在第 1 章中讨论的“可授予专利”的法律定义似乎已经很充分，但是它仍然引起了数以千计的争端。

扩大可授予专利范围的趋势事实上在 CAFC 之前就出现了。

我们可以引用一个著名的重要例子，最高法院——当时正在考虑一个新微生物案件——在 1980 年表示“由人类制造的在太阳底下的任何事物”都值得获得专利保护。[92]这种变化开启了对生物工程产品申请专利的防洪闸门。可授予专利的生物产品的列表不久就增加到包括改变遗传的酵母菌、人类和其他生物的基因序列，甚至整体生命体，例如牡蛎和老鼠。

但是，无疑，CAFC 在扩大能够得到保护的事物的范围方面
116 发挥着重要的作用。例如，我们考虑计算机软件领域。关于向这些程序授予专利的问题，最高法院长久以来就存在两种观点。在一项关键的裁决——Diamond vs Diehr 案件中，他们认为一方面“像这样的数学公式并不适合我们的专利法保护”，但是另一方面，“对已知结构或过程应用自然规律或数学公式可能适用于专利法”。[93]在 Diehr 的判决中，法院批准了硫化橡胶过程的专利。在这一过程中，计算机程序发挥着重要的作用。法院注意到，程序背后的公式用在特定环境中——即不存在寻求超出特定应用的保护的意图。这种差别的实际作用是非常神秘的，而且成为数十篇法律学术评论论文的主题。

CAFC 非常直接地表现出它对软件专利的热情。一个例证是阿拉帕特案（In re Alappat）。[94]该案件涉及处理来自数字示波器的数据的专利：在显示观测设备上产生的波形之前，该程序会修匀数据，消除任何不连续性。与橡胶案件不同，在这里，程序在通用计算机上运行，而不是在专用设备上运行。而且权利请求很广泛，所以它们不仅能应用于来自示波器的数据，而且可应用于计算机显示器、激光打印机和电视的接口。尽管如此，CAFC 仍然裁决该专利成立，打开了向计算机软件广泛授予专利的大门。

但是，CAFC 不愿意限制能够授予专利的事物的最明确例子与商业方法专利有关。自从英国专利系统早期开始，人们对做生意的方法是否属于可授予专利标的物的范围就有相当大的分歧。正如在前面的章节中提到的，对专利系统发展产生重大影响的英国 Darcy 起诉 Allin 的案件裁定，为王国带来新贸易的任何人或者促进先前从未使用过的

贸易的任何方法都可以获得专利。[95]但是，在 18 世纪和 19 世纪的后续裁决中，英国法官（通过判例）规定，这种定义只扩展到有形发明。在英美法系之外——特别是那些其法律系统源自法国法典的国家——这种排除有些模糊的法官造法的体系，通过立法的形式明确 117
规定禁止对数学公式和金融方法授予专利。

美国对商业方法专利的处理与英国的处理有着很多相同的模糊性。1908 年法院在“酒店安全检查公司起诉洛林公司案”[96]中判决规定，商业方法不能授予专利。尽管存在这样的裁决，专利商标局至少从 1971 年开始就已经授予了财务和其他商业方法专利。例如，1983 年和 1986 年向美林银行的现金管理会计授予的专利（美国专利号 4376978“证券经纪业务——现金管理系统”和专利号 4597046“证券经纪业务——现金管理系统通过短期资产预期清算排除流动成本”）在公布时受到广泛讨论。

尽管如此，仍然有许多专利事务的从业人员推断，根据美国法律，商业方法不属于四类可授予专利标的物的范围，即“任何新的和有用的过程、机器、制造或物质的构成因素”[97]，因此，这些专利的有效性存在问题。很显然，在 1996 年以前，只有两项涉及财务专利的案件提起诉讼（涉及美林现金管理系统和大学储蓄银行的 CollegeSure 存折）。这两个案件都在审判之前庭外和解，专利有效性的问题仍然没有解决。

由于存在对这些专利的怀疑，许多金融机构依赖商业机密保护。根据保护商业机密的立法，公司可以起诉盗用它们创意的各方（例如，先前的雇员或战略合作伙伴）。与专利不同，专利必须公开披露以生效，商业机密能够（实际上必须）由所涉商业组织保守秘密。另外，商业机密（例如可口可乐配方）始终有效，只要该秘密一直得到保密。相反，美国专利自最初申请日期起 20 年到期。

同时，商业机密有一些显著的限制。最重要的是，商业机密保护不禁止其他人做出同样的发明，无论是独立的，还是“逆向 118
设计”受到保护的产品（即使用公开有效的信息弄清楚产品的原理）。这种特点与专利保护相反，专利保护允许专利权人起诉所有的侵权人，即使这些人独立发明该思想。此外，证明盗用可能非常困难，特别是在诸如硅谷这样的环境中，在那里，职员的高流动性是一个规律。

有关商业方法专利的关键变化是CAFC1998年7月在道富银行和信托公司（State Street Bank and Trust）起诉签名金融集团公司（Signature Financial Group）的案件中做出的判决。这个案件的起因是用来确定共同基金收盘价格所使用的软件程序，签名金融集团公司1993年获得了这方面的一个专利（美国专利号5193056“中心辐射型金融服务配置的数据处理系统”）。获得专利的系统本质上允许基金联合公司的经理有效调整报告的投资组合价值，并且有效分配费用、税金和其他成本。获得专利的方法通过将矢量（基金持有的所有证券的价格）同一个矩阵相乘（每一个基金中的每一种证券的持有量）来进行这样的计算。[98]

签名金融集团公司随后向许多处理管理日常基金操作的无聊任务的共同基金“保管人”联系关于该专利的使用问题。在许多情况下，签名金融集团公司都成功签订了它的专利许可证协议，从那些进行该专利权利请求覆盖的操作的公司那里获得专利使用费。但是，与道富银行（它是美国大约40%共同基金资产的保管人，并且估计从其服务中获得的年收益超过30亿美元）的许可证谈判并没有达成协议。结果，道富银行于1996年提起诉讼，认为该专利无效，因为它覆盖商业方法，因此不应被授予专利。

道富银行的诉讼在马萨诸塞州联邦地区法院中胜诉，该法院的法官颁布了“即席判决”（summany judgement）裁决，即该案件不需要进入审判阶段，因为该专利不能被裁决有效。法官帕蒂·塞瑞斯（Patti Sarris）认为该法律领域有“法理学沼泽”[99]的特点，裁决该专利无效既是因为“商业方法例外”，即商业方
119 法不属于可授予专利范围，而且还因为该专利仅仅是一项长久以来就用计算机或纸笔从事的过程的电子方法。

但是，在上诉过程中，CAFC推翻了即席判决。在其判决中，上诉法院明确拒绝这样的概念，即存在“商业方法例外”。

正如CAFC所说的，“［地区］法院依赖司法创造的、所谓的对法定标的物的‘商业方法例外’。我们借此机会消除这种欠考虑的例外。自这开始，‘商业方法例外’仅仅代表一些一般性的应用，但不再是可适用的法律原则”[100]。法院通过援引更早判决中CAFC法官波林·纽曼（Pauline Newman）的不同观点对这种转变加以强调，在判决中，她将“商业方法例外”定性为“对法定问题的定义无根据的妨碍，应被作为有错误倾向、冗余和陈旧的问题而被抛弃”[101]。道富银行向最高法院提交诉状请求对这一裁决进行司法审查，但是1999年1月，最高法院在没有做出任何评论的情况下就拒绝了道富银行。CAFC的裁决并没有证明专利的有效性，它们只是坚持商业方法可以被授予专利。但是，双方对争端实现了庭外和解，道富银行同意签署许可证协议，并且停止其证明专利无效的努力。

在CAFC判决之后，而且在最高法院拒绝对该案件进行司法审查之后，针对财务和法律专业人员的杂志上的大量论文都将道富银行案例解释为确立了商业方法的可授予专利性。这些作者催促金融机构重新考虑它们对商业机密保护的依赖，并且积极寻求对它们的发现申请专利。[102]事实上，商业方法专利申请的数量已经呈现爆炸性增长，从1995年的330件（道富银行案件最初裁决之前的年份）增加到2001年的大约10 000件。[103]

限制对专利有效性的挑战

正如在引言中注意到的，与一项发明是否可被授予专利有关的一个关键的衡量标准是该专利是否“显而易见”。通常使用的标准是拥有“工艺技能”的个人是否——因此，这样的人不能是 120
托马斯·爱迪生——会认为该发明显而易见。众多的观察家——无论对CAFC友好还是持怀疑态度——都认为，法院已经表现出愿意将专利看做是非显而易见的，甚至当存在大量的先有技术时都是这样。[104]

最高法院已经在1966年裁决，在确定一项发明是否显而易见的过程中有三个考虑事项最重要：先有技术的范围和内容、先有技术和专利权利请求之间的差别、所考虑的领域中一个普通从业者拥有的技能数量。其他间接的考虑事项——例如发明在商业上是否很成功，其他人是否已经尝试过和无法进行类似的发明，被授予专利的发明是否满足一种未被满足的需求——被认为是“次要的”，虽然它们“可能很相关”。[105]对这种类型的证据只给予次要考虑的理由是商业过程的出现可能有很多原因，它们可能与发明的基本独创性没有什么联系。在 CAFC 之前的时代，各巡回法院在如何确切解释这些指导方面差别很大，这成为考虑显而易见性的过程的一个不确定要素。

但是，在其裁决中，CAFC 已经开始对这些“次要”考虑事项给予更大的关注。事实上，它们走得更远。它们宣称，这样的考虑事项通常“是记录中最具试验性和强有力的证据”，而且这些考虑事项“在当前必须始终得到考虑”。[106]这已经产生出各种有问题的——虽然是可以预期的——后果。例如，在专利被授予后，公司通常将立即逼迫它们在行业中最弱的竞争对手，要求它们获取许可证。可以预计，没有财力进行法院斗争的公司和那些销售规模可能只能产生出很少专利使用费义务的公司会同意购买许可证，虽然它们怀疑专利的有效性。专利持有人随后会逼迫它们更难对付的竞争对手，这些竞争对手可能更有可能在法院上挑战专利的有效性，而不是屈服于许可证需求。但是现在，如果进
121 入法律战争，专利权人可能会指出这样的事实，即它们已经成功提供专利许可证，在“商业成功”的基础上，作为专利具有非显而易见的证据。事实上，CAFC 逻辑的扩展——商业成功证明非显而易见性——将使任何专利都不会由于显而易见性而被取消，因为专利持有人不怕麻烦的意愿和为申请和提出诉讼而支付的法律费用的意愿表明，该专利拥有商业重要性。

毫不令人奇怪，创造出新途径来证明假定的非显而易见性已经导致被控侵权人证明它们被指控侵犯的权利由于显而易见而无效的能力不断下降。例如，1975—1976 年，在判决专利有效性的上诉判

决中，有 45%的案件被裁决由于显而易见性而无效。1994—1995 年，这个比例下降到 5%。[107] CAFC 不仅不愿意为任何原因取消专利，而且它们尤其不愿意因专利的无效性而取消专利。

关于很难证明一项发明“显而易见”的例子是 2002 年 In re Lee 的判决，该判决围绕着一项成为美国人生活方式核心的技术：电视遥控。[108] Sang-Su Lee 是韩国三星电子公司的一名研究人员，他对调节诸如电视这样的视频显示设备申请了一项专利。本质上，这项专利概括了一个过程，在这个过程中，选择进入“展示模式”的用户将自动看到如何调节许多功能（例如显示屏的亮度和对比度）。

专利审查人员根据显而易见性拒绝了该专利。在其决定中，专利审查人员援引了先前的两项先有技术。第一个是在 1984 年授予 RCA 的专利，通过该专利技术可在电视上显示一个功能菜单，用户可以随后通过按下相关按钮（例如“按下 9 以调节图像清晰度”）进行调节。但是，这个专利没有描述如何调节功能的任何演示；也许 RCA 假设普通“终日懒散在家的人”都能够自己想象得到这种演示。第二个相关先有技术是视频游戏——“雷 122
电直升机操作”，这个技术拥有展示模式。选择这个选项时，用户可以学习如何玩这个游戏。应该注意的是，展示模式并不包括改变游戏设置的任何规定。但是，审查人员得出结论——而且专利商标局的申诉委员会同意——将这两种技术组合起来使 Lee 的专利申请显而易见。[109] 正如审查人员在其回复中解释的，向一个电子指令加入如何编辑菜单的说明很简单。

CAFC 拒绝了这个理由。特别地，法院认为，审查人员没有证明将先前的 RCA 功能菜单与视频游戏的展示模式结合起来为什么是一个显而易见的步骤。法院指出，在审查人员的书面材料和委员会的决议中，都没有提到先前文献中有将两种先前发明的特点结合起来的特别建议。当根据显而易见性拒绝一项专利时，法院坚持认为，“所有决定性事实……必须有文献记载，以免‘所谓的技术迷雾’与责任关系隔离”。

这种削弱显而易见性标准的判决很难只限于高科技行业。例如，我们可以考虑 In re Dembiczak 案，该案件赞同一项用橙色塑料制成并且饰有纹理和头像的垃圾袋的专利，该专利在申请时类似南瓜灯笼。[110]专利审查人员和上诉官员拒绝了该专利，他们指出，儿童图书中的许多章节都建议制作装饰成万圣节情景的南瓜的储物袋，而且有许多先进的与塑料垃圾袋有关的先有技术。CAFC 再一次推翻了这个决定，它认为，将这些项目组合起来绝对不是显而易见的。

这些判决和有类似主题的其他判决使裁决专利显而易见的门槛非常高。我们可以为此做出符合逻辑的结论，这些判决建议，关于两个先前众所周知的思想的普通意义上的组合的任何专利申
123 请都必须得到授予，除非此前已经有关于该特定组合的明确说明。由于始终存在大量的不同方法的组合和重新组合，没有人有时间或不厌其烦地把它们写下来，所以对“新”组合授予专利的可能性实际上毫无限制。现在就行动起来，对在互联网上卖狗粮、骑自行车时浏览互联网或者喂猫时弹钢琴的思想申请专利。甚至通常支持 CAFC 的律师都对这种判决的意义表示忧虑。[111]

增加对陪审团的依赖

CAFC 政策的第四个显著变化是在专利审理中日益增加对陪审团的依赖。图 4—4 描述了随时间推移出现的这一趋势。该图表明，历史上，在专利案件中使用陪审团的情况非常罕见。例如，在 1940—1959 年间，陪审团只审理了 3%的进入审理过程的专利案件。[112]法官对这些案件进行判决是标准做法。今天，在专利案件中使用陪审团成为很普通的事情。

124 历史上不愿意使用陪审团的情况反映了两个因素。第一，对有关陪审团在这样的案件中的适当性的司法怀疑。在一些案件中，法院明确表明，专利案件不需要陪审团，其中的技术、法律和商业问题通常非常复杂。[113]但是，在专利法的其他一些主题中，联邦各个巡回法院在这个问题上已经广泛出现较大的分歧。

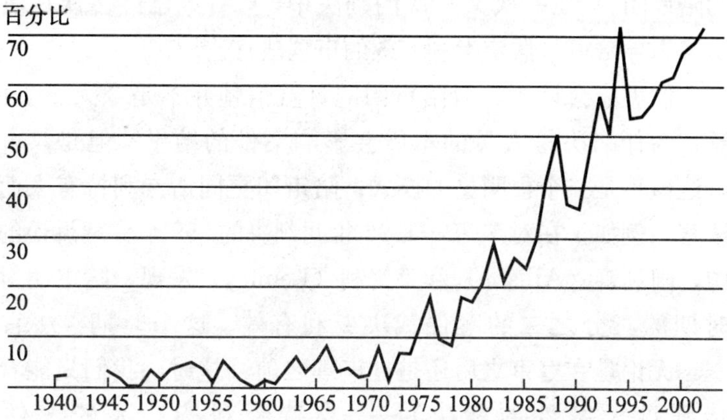

图 4—4 未送到陪审团的专利案件份额

第二，许多诉讼当事人对陪审团在专利系统中的影响表示担忧。在许多案件中，专利争端很复杂，这些争端对普通市民来说，可能很难理解。（事实上，处于弱势的专利持有人的律师可能会倾向于通过绝对回避（peremptory chanllenge）将最有可能理解问题的成员排除在陪审团之外。）而且，在陪审团审理的案件中使用司法审查很困难：法官必须在书面意见中列出他判决的理由，但陪审团只需发布一项判决。最终，许多专利律师认为陪审团非常同情专利持有人，他们太容易被修饰过的专利文件所动摇。因此，法律界的一般态度——包括法官——认为，要求陪审团判决是一种弱势案件的信号。[114]

CAFC 并不赞同这样的怀疑，它已经变得相对赞同陪审团。在一系列判决中，法院声明，专利权人有绝对的权利通过陪审团审理专利有效性问题，虽然法官有权自己保留裁量权确定专利请求的范围有多大。[115]CAFC 也倾向于接受陪审团的判决，即使判决理由存在严重的问题。[116]

虽然 CAFC 明显信任陪审团，但它并没有对他们信任到使他们能够判断律师希望提供给他们的所有证据的程度。特别地，CAFC 不允许向陪审团提供有关专利审查过程的弱点和限制的信息。（承认已经读过本书的任何人无疑都将被禁止参加专利案件

中的陪审团。）在一次又一次的判决中，CAFC 已经多次斥责没
125 有明确引导陪审员假定专利有效的审理法官。[117]

人们可能会认为，对陪审团的日益信赖并不是令人不安的。毕竟，为什么决策人员的本质会影响案件的结果？但是，事实上，这似乎是一个很明显的模式：陪审团更同情专利持有人而不是法官。例如，在对 1989—1996 年间判决的 299 个专利诉讼的分析中，阿利森（Allison）和莱姆利（Lemley）发现，陪审团对这个时期的三分之二的案件裁决专利有效。这个时期，法官裁决——无论是在庭审之后还是在审理之前（这时，我们只能看到对特别重大案件的裁决）——支持专利持有人的案件少于 47%。[118]

陪审团的同情并不是对所有专利持有人都一样。金伯利·穆尔（Kimberly Moore）对 1999 年和 2000 年审理的专利案件进行了分析。[119]在除掉即席审判案件之后，她发现，陪审团和法官之间的分歧甚至比阿利森和莱姆利分析的先前时期更大：陪审团支持专利持有人的可能性是法官的两倍。而且，指控美国侵权人的外国专利持有人较之其他人胜诉的可能性小得多：事实上，只有四分之一的外国专利持有人取得成功。与此同时，专利权人和审判地点在同一个州的案件获得胜诉的可能性不成比例地偏高。

评估革命

当然，并不是联邦巡回法院的所有裁决都会增强专利持有人的权利。在与专利法同样复杂的领域中，始终有一些判决背道而驰。主要的例子是通过所谓“等同原则”对侵权案件进行处理。[120]但是总体来说，法律评论人员——无论是同情法院判决还是不同情法院判决的人——都一致认为，变化主要是朝着加强专利持有人权利的方向发展。[121]

126 正如我们已经强调的，专利发挥着重要的社会功能，而且在

专利保护朝更强大的方向上的一些调整是正当的，考虑到 20 世纪长久以来专利保护力度的下降。但是，正如在第 2 章和本章的案件中所阐明的，专利权利的加强现在已经超出了调整的标准，达到了陷入困境的程度。而且无论理想世界中专利权利的加强有什么样的意义，在现实世界中，更强大的保护和更弱小的专利局之间的相互作用已经产生了深远的影响。第二种变化（second change）将是下一章的主题。

第5章　缓慢的衰落

127　一名参议员在参议院中挥舞着谴责专利系统的厚厚的报告。[122]专利局基本上破产了；事实上，用一名联邦法官最近的话来说，专利局“正在制造大量的坏事”。[123]有太多的专利只受到最少的审查就被授予；专利局甚至没有假装查明申请创意的创新性或有效性。同一发明被授予大量专利，或者甚至更糟糕的是，对那些几十年以前做出的发明授予大量专利。

因此，该参议员说：“最初的和值得赞赏的发明者看到他的发明……被盗用，而且他必须放弃法律为确保他的专利独占权而提供的奖励，否则他将陷入到在这个国家的各个地方和各个区域的大量昂贵的诉讼中。”除非国会立法改革该专利系统，该议员总结说，专利的价值被如此贬低，以至于专利权不能向发明者提供任何价值。

在最近的新闻评论中，人们可能会认为这种情况只是几个月 128
前才出现的，但是，事实上，约翰·拉格尔斯（John Ruggles）自1836年就开始向美国参议院发表这样的演说。

当国会议员考虑这个报告时，他们考虑了诸如“有翅膀的轮轴”这样的故事。[124]迈克尔·威瑟斯（Michael Withers）1827年获得了这一设备的专利，这是一个金属零件（通常由铸铁制成），可作为水轮和它所驱动的轴之间的连接。他并没有声称已经发明了轮轴，更没有声称发明了带翅膀的轮轴，这个技术在几十年中都众所周知。但是，他宣称已经发明了使翅膀倾斜的过程：即使翅膀表面形成一定的角度。尽管在那个年代存在标准，但是专利审查人员并没有试图在授予专利之前验证这些声明：他们仅仅是进行检验以确定文件已齐全。

许多磨坊主都非常愤怒，特别是当威瑟斯开始逼迫他们购买他的专利许可证时。他们指出，这种倾斜的轮轴在该专利申请之前已经是很普遍的零件，而且无论如何，该项发明都不是显著重要到值得获得专利。他们试图让法官宣布这项专利无效，但是很显然，因为威瑟斯尚未起诉任何人，所以他们无法胜诉。

受到这些鼓舞，威瑟斯采取了更进一步的措施，实际准备进入轮轴铸型领域并在商店中出售。在组装水轮的费力过程完成之后，他就开始对磨坊主们施加压力，并且声称他自己是轮轴专利的所有者。磨坊主们将面临支付专利使用费或拆下几吨重的精心制造的设备的选择。很少有人有力量去寻求法律斗争。但是，如果一个磨坊主看起来可能斗争，而不是付钱，那么威瑟斯就会转向另一个目标。

最终，这个国家第一个专利主管和专利系统的维护者威廉·桑顿（William Thornton）日益对这种行为予以关注。他的行动包括向报纸写匿名信来谴责带翅膀的轮轴专利及其所有者、拒绝

129 向威瑟斯的代理商颁发专利文件的鉴定复印件。当专利期限邻近时，威瑟斯起诉桑顿在声明中对他的诽谤，桑顿说该专利被用来欺骗美国公众。这种混乱的争论使华盛顿非常不安，司法部长、国会甚至总统都卷入这场争端。最终，该诉讼未成功，而且专利到期，但威瑟斯退休时成为一个富翁。

1836 年的辩论使美国专利系统发生了根本性的变化——事实上，我们可以认为，这是该系统的最近一次根本性改变。专利申请人不能再像 1793 年以来的情况那样，在申请之后自动获得专利。相反，他们需要提交详细的规格说明，概述他们已经发明的东西，以及为什么该发明具有创新性和效用。专利审查人员现在将审查所有申请，并且在授予专利之前验证权利请求的创新性。由于在专利授予之前要进行更加细致的审查，像迈克尔·威瑟斯这样的非法专利持有者的欺骗行为得到显著控制。

但是 169 年之后，随着专利系统被深刻地破坏，我们再次处于 1835 年的境况。这种情况如何发生的？正如我们将在下面讨论的，专利局在美国历史进程中周期性地处于巨大的压力下，许多同样的问题在过去几十年中以不同的形式再次出现。但是在过去 20 年中，压力已经变得异常巨大。

特别地，三种深刻的挑战已经影响了专利审查人员进行工作的有效性：国会将专利局看做是政府利润中心的意愿，甚至是热情；在私人部门报酬飞涨时代，专利局内部缺乏适当的激励措施；且管理疏忽，特别是在关键的信息技术领域。这些因素已经导致审查过程面临巨大压力的局面。民主党领导委员会将专利审查系统定性为“只不过是事实上的注册系统，专利争端更典型地在法庭解决”[125]，这种看法并不是牵强附会的。我们已经创造出
130 一个只要申请人足够坚持，任何专利申请最终都能够被授予的系统。而且所产生的专利质量问题在经济上至关重要的新兴生物技术、电子和软件行业特别严重。

预算困境

乍一看，读者可能发现很难接受专利局资金困难的这一成为特色的事实。毕竟，它已经成为整个联邦预算的重要资本资助者。图5—1显示了专利局的年“盈余”：收入超过国会每年用于一般经营目的的费用的金额。该金额在过去几年中显著增加，在1998年达到2亿美元。虽然这个金额近年来有某种程度的下降，这至少部分是由于政府收入盈余时，财政压力的减轻，但据专利商标局预计，资金转移在未来几年将再次增长，因为美国预算再次出现赤字。[126]

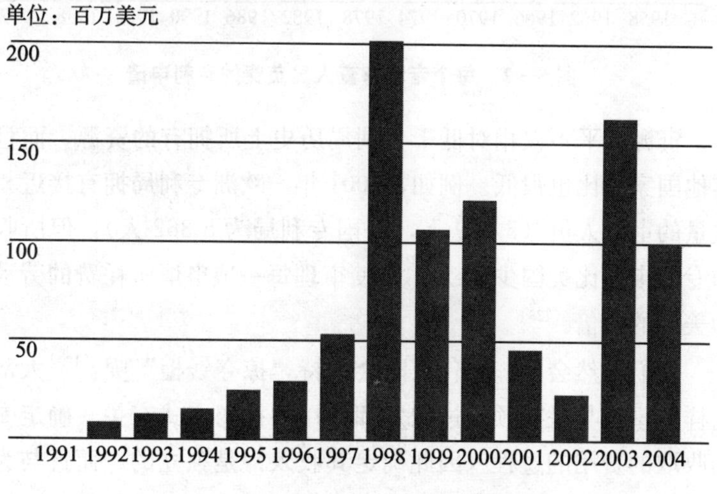

图5—1　美国预扣的专利和商标局费用

但是，资金转移并不是成功的征兆；相反，它们是专利质量出现问题的原因。我们很难用例子来说明专利商标局尴尬的富裕。图5—2显示了每个专利审查人员审理的专利申请数量。[127]该图讲述了一个悲惨的故事：每个专利审查人员必须处理的申请数量稳定增加。例如，在1958—1975年之间，每个审查人员收到的申请从未超过100个。自1992年开始的11年中有9年，每个审查人员处理 131

的申请已经超过了这个阈值。鉴于我们所了解的目前经济中技术的更大价值，以及专利争端中涉及的更大赌注，我们本可以预期用于审查每一个专利的资源会增加，但事实刚好相反。

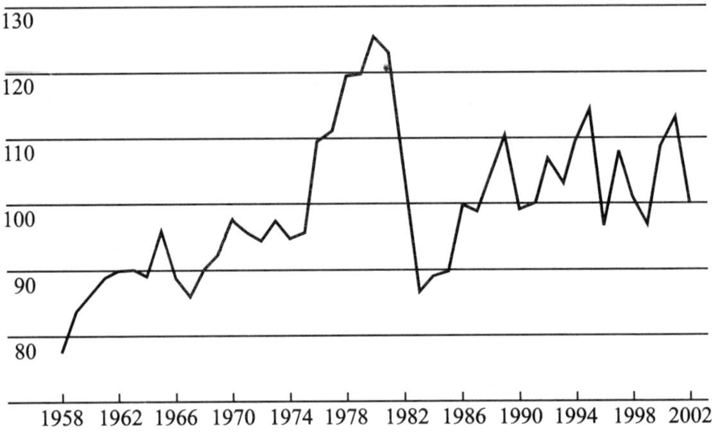

图 5—2　每个专利审查人员负责的专利申请

资源水平不仅相对低于专利局历史上所拥有的资源，而且与其他国家相比也很低。例如，2001 年，欧洲专利局拥有接近相同数量的审查人员（5 069 人，美国专利局为 5 362 人），但所收到的专利申请比美国少 54%，这使审理每一项申请所耗费的劳动约为美国的两倍。[128]

132 人们自然会问，为什么国会坚持“掠夺钱柜”呢？[129]大部分这样的事情与联邦预算过程发挥作用的神秘方式有关。确定专利局收取的费用的过程（因此确定其收入）是独立的，而且与为其运作制定预算的过程截然不同。预算过程基本上进行两次：第一次是在国会通过规定政府收入和支出的整体水平的联合议案时，第二次是在国会通过分配政府将在每一个领域支出的实际资金的 13 项单独的拨款议案时。众议院和参议院拨款委员会组织成 13 个小组委员会，每一个小组委员会负责报告这些措施中的一项。

每一个小组委员会都得到它能够支出的一笔资金。正是在这些小组委员会内部，对资金的竞争最为激烈。例如，在专利商标局所属的小组委员会内部，专利商标局代表将与要求增加新计算机系统的联邦调查局官员和寻求增加大使馆安全的国务院领导竞争资金。分配到专利商标局的资金最终远远少于其赚取的收入这样的事实（根据不同委员会规定的费用）很少进入激烈的讨论中。[130]

财政压力看起来在未来几年中会增加。2002 年 6 月，专利商标局宣布了它的“21 世纪战略计划”，该计划被认为是提高专利商标局决策质量和使其生产率更高的一个主要的新措施。[131]该计划要求提高费用水平，并且对这些费用进行结构改革：例如，要求对专利进行审查需要单独支付费用，拥有多项权利请求的专利同样也要分别支付费用。[132]

专利商标局的计划引起了许多评论，而且大量的怀疑者认为，提议中的费用增加产生的收入应该用于改善专利商标局的运作，而不是为了一般收入而再次被掠夺。[133]在与许多团体讨论之后，专利商标局在 2003 年春季对其提议进行了修改，而且它修改的费用建议得到了专利所有者和他们的律师有条件的支持。[134]

作为这项战略计划的部分内容，总统布什的 2004 年预算建 133
议将 2004 财政年度的预计费率转移减少到大约 1 亿美元，大约是近年来转移资金数额的一半。但是，专利局的“客户”仍然对费用转移的前景表现出充分的慎重，他们要求国会对新的费用增长规定日落条款，日落条款将使费用在三年内转移为原有水平，除非国会专门采取行动延伸此类费用的增长。[135]这种“日落”规定表现为用来对专利商标局和制定预算的国会各委员会施加压力，以确保新增加的收入真正用于改善专利商标局的运作。布什政府反对日落条款。[136]在当前和可以预见的预算环境中，我们很难乐观地认为专利商标局能够得到真正发挥其作用所需的资源。

激励措施问题

作为这些财政困难产生的结果的一部分，专利局发现很难招募到和留住最好的审查人员。从某种意义上来说，这并不是新闻，专利局长久以来就在为招募和保留熟练的审查人员而挣扎：

- 1829年就任之后不久，专利局的第三任主管约翰·克雷格(John Craig)就强烈抱怨专利局的费用收入被国会用于一般政府费用。他愤怒地说，这样的划拨对他保持其适度的专业人员队伍的能力产生不利影响："目前，专利局是一个收入来源；这是专利法律的设计者所没有想到的；而且那些与此相关的人得到的报酬按照他们的劳动和责任，远远低于该地区（哥伦比亚特区）任何其他政府办公室人员的报酬。"[137]
- 1855—1857年间，专员查尔斯·梅森（Charles Mason）
134 力求解决他无法保留其雇员的问题，他的雇员包括12个专利审查人员和12个专利审查人员助理。[138]拖欠审查人员的薪水超过14 000美元（相当于整整10年的薪水）。这种拖欠是因为额外的国会命令：议员命令专利局在他们传统责任之外，向农民发放有前途的新的农作物良种。虽然议员有责任改正这个问题，但在最终决定联邦预算的紧急会议委员会开会期间出现了错误。相反，计划为专利局增加的所有资金都被发送到联邦监狱系统的监狱牧师那里。（同时，虽然专利专员可以留在城市中，但他的老板，传统意义上的内政部长将解雇专利局雇员中的任何女性雇员。）
- 在1912年，总统的经济与效率委员会注意到，在仔细阅读来自发明者的许多申诉之后，"很明显，所列举的对专利局的特别申诉大部分都是正确的。审理工作拖欠已久，而且许多专利被证明是无效的。"[139]报告详细说明了私人部门对（专利局的）年轻雇员的诱惑，而且详细说明了拖欠工资导致的混乱。为了解决这个问题，委员会建议采取多项补救措施：增加高级审查人员的数量，提高薪水，并且探索促进保留雇员的新的激励措施。

- 专利局协会的一项特别研究突出显示了1933年审查人员的困境。[140]薪水下降、强迫休假、缺乏资源已经打击了审查人员的士气。该研究注意到，典型的专利审查人员每年赚取2 000美元。（为了使这个薪水金额合理，国会在1848年命令向每个审查人员每年支付2 400美元。[141]）正如《专利局协会杂志》指出的，建造保存专利审查文件的架子的木匠可以赚取这个薪水的两到三倍：这对一般审查人员的7年大学和研究生学习生涯来说，并不是非常有吸引力的投资回报。结果可以预见：人员频繁地流失。虽然年流失率略低于25%，在20世纪20年代困难时期流失率更 135
高，甚至在大萧条中期，审查人员都成群结队地离开他们的工作岗位。
- 范尼瓦·布什（Vannevar Bush）是战后美国科学政策的先驱者之一，他在1956年参议院司法委员会上对专利系统提出批评，他说，科学活动的规模和复杂性的增加已经对专利审查人员施加了巨大的压力。他认为，审查人员的数量和技能都没有达到标准，国会必须提供额外拨款。[142]

因此，这并不是一个新问题。但是，当知识产权变得如此重要时，有关招募和保留审查人员的成本增加了。也许通过一个说明可以最好地看到这一点。首先我们考虑一个新的审查人员，我们从相对高的GS-11级[143]的初始步骤开始。为了有资格申请这样的职位，我们的新候选人应该已经获得了其专业领域的学士学位（通常是生物、化学、工程或物理专业），而且已经有3年的工作经验或研究生学习经历，或者拥有博士学位。根据2002年1月生效的已提高的薪水标准，这些候选人开始时每年将赚取53 000美元，在该组织工作20年之后，由于已经达到“主要审查人员”的级别，他们可以预期会拿到100 000美元。（但是，普通审查人员的薪水大约是60 000美元。）

这个数字可以与私人部门为相对合格的人才提供的机会相比较。离开专利局的审查人员在加入律师事务所和公司专利部门时，通常可以使他们的薪水翻倍。许多没有法学学位的雇员被雇用，律师事务所为他们的法律教育提供资金，而他们则担任支持工作（support work）。[144]专攻专利事务的新法学院毕业生的薪水高达 150 000 美元，有时还要加上慷慨的签约奖金。

这样的薪水差异的结果是可以预见的。专利商标局很难保留专利审查人员，特别是那些拥有审查最新技术技能的人员。许多审查人员将专利局看做通向公司职位的起点：只要他们掌握了足够的技能成为真正有价值的审查人员，就会离开专利局，去公司
136 法律部门或律师事务所工作。

雇主们竞相聘请这些人员，他们渴望利用他们的专利商标局程序知识。因此，到 2001 年，55%的审查人员在专利局供职只有 2 年或更少的时间。[145]对现状的辩护者可能会认为，这种跳槽是运作政府机构所不可避免的结果，但是这种人员流失率是欧洲专利局的 6 倍多。[146]

甚至在报酬薪水以外，决定各个审查人员薪水的方式也很成问题。[147]专利局雇员的奖金和晋升以他们的劳动生产率为基础，而且以非常特别的方式衡量。专利审查人员在完成一个专利初始审查时，会得到一个点，当申请最终被批准或拒绝时，得到另一个点。（各种调整因素控制审查人员的资历和主要技术的复杂性。）但是，申请人员可以修改并上诉最初被拒绝的专利，因此就推迟了第二个劳动生产率点。因此，与初始申请之后专利就获批准的人员所用的时间相比，专利被拒绝所耗费的审查人员的时间通常要多得多。这种方案制造出明显的激励因素来使审查人员“轻松”对待申请人，并且允许他们的专利得到授予。而且，很明显，这种激励方案实现了它的表面目标：使审查人员非常快速
137 地工作。审查人员处理一般专利时，每项专利只用 16～20 个小时。[148]

在其他情况下，压力甚至更大：主管人员批评审查人员在颁

发专利之前执行太多的专利审查程序，而且鼓励他们颁发更多的“首次行动”专利——那些没有经过初始拒绝和专利申请人后续重新修改的专利。[149]同时，保护专利质量的制度上的机制已经被削弱。从 1993 年开始，专利商标局开始减少专利质量审查局的职员，他们是评估已颁发专利质量的监察小组。在随后几年中，该审查局的职员和活动几乎减少了一半。最终，当专利商标局建立该组织的后继组织时，对专利质量产生了负面影响。[150]

在其他方面也可以看到授予专利刺激因素的普遍存在。在过去 10 年中，专利商标局的专利组拥有下列直接的“任务”声明：“专利业务是专利商标局的三大核心业务之一。专利业务的主要任务是帮助客户获得专利。”[151]这种任务已经远远偏离了专利局的传统信条——“颁发有效的专利”。[152]在“任务”声明受到广泛的批评之后，专利商标局开始制定一系列新的目标。在 2002 年专利商标局业务计划中，所宣布的目标是“提高我们的产品和服务的质量”和“使专利申请处理时间最小化”。[153]虽然这比向“客户”授予专利的专利局任务遭到的批评要少一些，但很显然，总体来说，专利局保留了使申请者满意的方向，而不是确保所颁发的专利的有效性。

我们可以想象，这种颁发专利的定位将削弱审查人员保证专利质量的士气。而且事实上，从专利审查人员痛苦的在线记录中，可以看到这样的情况确实发生了。下面引用了一些例子[154]：

> 当我最初开始在这里工作时，我被告知“当怀疑时应该拒绝”就试着拒绝。现在我被告知，“当怀疑时应该批准”就试着找个理由批准。
>
> 嗨，无论好专利还是坏专利，管理层都付钱给你，是这样吧？为什么你要与管理层争执呢？为什么要拒绝呢？
>
> 我们现在有一个文化目标。如果一些审查人员没有授予足够的专利，他的 SPE（上级专利审查人员）将提出抱怨，并且使他感觉自己是一个古怪、直肠子、保守和吝啬的家

伙……

审查人员会惊诧于为什么他工作得如此辛苦。审查人员会惊诧于为什么他从老板那里得到如此多的抱怨，而且从律师那里得到更为尖锐的一连串批评，这些律师会使劲地摔东西，所以不要拒绝。

持反对意见的人可能会认为，这个问题很普通，许多政府机构都存在这样的问题。从这个意义上来说，专利商标局可能与联邦证券交易委员会或司法部没有什么区别。年轻的律师在转而进
138 入私人部门之前，会在那里工作一段时间。这样的雇员跳槽可以看做是一种正常的事情，因为这使政府机构可以招募不会考虑将从政作为永久性职业生涯的一流人员。

我们相信，一个显著的差别可以对专利系统进行定性，这种显著的差别使“旋转门”现象在这种环境下更加令人担忧。在许多情况下，其他政府机构的质量控制规定相对来说直接一些，因为“下级”职员的行动和决策只是一个更长期管理过程的几个步骤。存在与决策有关的规定明确的转折点，例如是否进行初始调查、寻求公诉和对案件进行和解，而且在这些转折点上的决策典型地将在各个级别上进行审查。例如，联邦贸易委员会的职员在处理公司对令人不快的状况提出的抱怨之前，必须得到5名专员的批准。相比之下，确保专利审查过程的质量控制更为困难。每一个专利申请都需要不同的行政决策，并且花费比其他机构一般的行政决策更少的时间。让每一项专利决策都在更高层次上得到审查是不可能的。因此，不熟练的、报酬很少的和劳累过度的专利审查人员以其他机构的下级人员不曾使用过的方式对最终行政措施做出决策。另外，由于每一项专利申请都是独一无二的（按照定义来看几乎是独一无二的），审查过程不可能变成例行程序，甚至在审查人员拥有处理大量申请的经验之后都是如此。

精明地投入资源

这个悲惨故事的最后一个方面与机构本身的管理有关。尽管专利商标局拥有非常有限的资源，正如我们在上面突出强调的，使用这些资源的智慧通常会出现问题。

我们将集中讨论一个例子：审查人员为考虑专利申请的创新性而评估“先有技术”时所需信息的管理。审查人员管理和获得这种信息的能力对专利批准过程的有效性来说至关重要。我们已经讨论了许多例子，在其中存在大量先有技术，但是专利审查人员无法确定这些技术，因此授予了可疑专利。 139

另外，审查人员对先有技术的有效搜索也至关重要，因为这是专利系统本身的激励因素。申请人需要向审查人员披露他知道的任何先有技术。但是，对于申请人不知道的信息，申请人不能被要求披露。另外，申请人面临明确的障碍因素来彻底研究先有技术。特别地，公司的主要担心是“故意侵权”。如果它们被发现故意侵犯一项专利，那么它们可能要支付它们在其他情况下需要支付的赔偿金的三倍，所以公司不一定希望确保它查明与它追求的技术有关的所有专利。这项规则已经使公司产生出在搜索中尽量吝啬的动机。[155]因此，专利商标局自身更有必要进行彻底的搜索。

目前，这项关键任务已经在专利局内部以随意的方式加以解决。早在1954年，一个咨询团体就注意到专利局在管理第二次世界大战之后出现的大量新技术知识时所面临的困难。该咨询团体认为，计算机的力量可以使专利搜索比专利审查人员使用的传统的“鞋箱子”（文件夹）更加可靠。[156]快速可靠的信息技术将极大地促进专利搜索过程，信息技术可以从先前专利搜索中吸取教训，并且可轻易地容纳所出现的新领域的知识。

数十年的说法始终相同：开始研发项目。[157]在每一个案件中，项目在几年之后都被放弃，并且声称执行起来成本会太高。例如，20 世纪 60 年代末，专利局宣布“POTOMAC（专利局机
140 械化访问和分类技术）项目”。这种自动化系统将使专利审查人员能够快速搜索先有技术。在耗费了数千万美元之后，该努力在 1972 年由于彻底失败而被放弃。其他按字母排序的项目——HAYSTAQ（使你保存问题答案）、ILAS（相关逻辑累计扫描仪）、RAMP（磷化合物随机存取机制）、CAMP（磷卡片机制）和 SECIR（化学信息检索半自动编码）——同样不光荣地结束。

20 世纪 70 年代末，专利局的失败变得日益明显。根据卡特总统的要求，国会颁布了《公共法 96－517》，该法案要求专利局在两年之内开发一种预期将在不久之后执行的自动计划，但是，该计划的执行——要求在 1987 年 12 月开始进行完全的电子搜索——几乎立刻就陷入了困境。[158]

当国会议员进行调查时，他们发现了许多应该谴责的地方：

- 尽管不断提醒，但专利局没有对几年内的计算机空间进行关键性研究。一完成初始研究，就决定了将大型工作站群集起来的初始想法不可行，因为建筑物的空调系统不能处理这样的负载。因此，整个系统的体系结构需要重新设计。
- 随后商务部（在其支配下，专利商标局衰落了）并没有接受对大型计算机系统的采购政策，它提供“成本加成的”(cost-plus) 奖励来开发该系统。商务部并没有让私人公司承诺一个固定价格，而是同意偿付所有成本加额外费用。联邦法规强烈阻止这样的开发新计算机系统的合同，因为它造成了滥用的情况。
- 141 承包人看起来没有遵守标准会计处理规定和良好的管理实践。政府官员没有行使他们在承包商办公室安插官员监督这些活动的权利，（因而）导致这个问题进一步恶化。

毫不令人惊奇的结果是出现延误，而且成本超出限度。到 1984 年，即制定最初估算之后两年，预期成本已经从 2.89 亿美元增加到 4.48 亿美元。在 1992 年（最初目标完成日期之后多年），4.48 亿美元的资金已经在该项目中耗尽，但该努力仍然远远没有完成，外国专利文件和非专利文献都不能搜索。该系统预计直到 1997 年才能完成，而且专利局承认，总成本将达到 10 亿美元（以 1984 年制定先前估算时的美元价值表示该总额）。[159]

此外，已经执行的系统中还存在很多问题。[160] 1994 年，专利局决定将搜索美国专利的临时系统——此前从一家私人公司那里租用——更换为它自己的系统。在多次拖延之后，专利局在 1999 年推出了两个新的搜索引擎，称作 EAST 和 WEST。仅仅在转换系统之后几天，这些管理程序就堵塞了现有的自动化系统。结果是产生出大范围的混乱，培训不够的审查人员与顽劣的系统进行斗争。虽然许多问题最终得到解决，但商务部得出结论，新系统已经执行的过程提供了许多有关这样的执行应该在未来如何改善的经验教训。

虽然自动化的努力还在艰难中前行，但专利局的传统搜索资源已经遭殃。当专利审查人员努力争取让图书馆购买一些技术书籍和期刊时却屡屡失败。在许多情况下，他们已经厌倦了等待被批准，以至于他们用自己的钱购买这些书籍。1993 年专利局停止购买外国专利的纸印本，而这些文件的电子版本直到 2000 年才可使用。与此同时，图书管理员忙于丢弃科学杂志的纸质材料 142
(hard copies)，并且用缩微胶卷代替它们，受尽折磨的审查人员发现快速搜索和拷贝变得更加困难了。[161]

结果

虽然存在正式的专利审查过程，但是实际上该系统看起来更像是一个注册系统：在许多情况下，一个态度坚决的专利权人几乎能够获得他追求的所有奖励。被批准的权利请求可能不如期待的那样广泛，但是专利可以得到授予。当工资很低、经验不足和劳累过度的审查人员被要求尽可能快地解决这些申请事例，而且要使用有缺陷和陈旧的工具来发现和搜索先有技术时，这（存在专利质量下降等诸多不良情形）是可以预料的结果。

塞西尔·奎林（Cecil Quillen）和他的同事在两项近期研究中，发现了支持这种状况定性的证据。[162]他们指出，虽然美国专利申请的拒绝率乍一看显得很引人注目，但是这些数字是有欺骗性的。错误的印象来自这样的事实，即当专利申请人作为对专利商标局最初拒绝的回应，再次申请时，在许多情况下，这被计算为新的申请。就我们所知而言，新申请的四分之一实际上是针对被拒绝申请的重新申请（更技术性地说，是连续申请），这意味着连续申请的成功率相当高。由于这些附加申请确切状况的模糊性，我们很难整理出真正准确的情况。[163]但不考虑精确计算背后的细节的话，看起来很明显，很大比例的申请最终得到授予。

除了授予率之外，美国专利质量下降的另一个证据可以从国际比较中获得。多米尼克·格里克（Dominique Guellec）和他的同事在巴黎经济合作和发展组织（OECD）已经对美国专利商标局、欧洲专利局和日本专利局授予的专利数据进行合并。海外申请的专利通过一个优先数字来识别，这个数字将外国专利申请与发明者本国相应申请联系起来。通过跟踪这些联系，OECD的研究人员已经识别出对应于相同基础发明的他们所称的专利“家
143 族”。在世界主要的专利授予管辖地区都成功获得专利的发明是相对重要的发明，因为它的所有者认为它足以在所有三个地区寻求保护，而且因为所有三个地区的审查系统都认为该发明所具有的创新性足以值得被授予专利。这意味着给定国家及给定年份中，这样的专利家族的数量可以衡量该国家该年份产生的相对重要的发明的数量。另外，因为这种指标是基于所有三个机构的行动，所以这种指标的主观性要比在任何一个机构中因实践变化而引起的原始专利数量波动的主观性小。

OECD 的计算表明，源自美国的重要发明数量在 1987—1998 年间（可以进行此类计算的最长和最近的时间）增加了 51%。比较起来，在同一时期，美国发明者在美国专利商标局成功申请专利的数量增加了 105%。[164] 如果美国的审查标准没有改变，那么我们可以预期美国发明者在美国的成功申请应该大致按照我们衡量的源自美国的国际重要发明的相同比率增加。实际上，我们可以预期专利家族的增长要比成功的美国申请更快一些，因为全球化进程逐渐促使越来越多的成功的美国申请人在全世界寻求保护；相反，在专利商标局的成功申请的增长是国际专利家族的增长的两倍这个事实很难以其他任何方式进行解释，只能解释为美国专利商标局的标准下降，产生出日益增长的连专利持有人自己都不认为值得在其他地方申请专利的部分美国专利。

此外，专利审查人员未引用重要的先有技术的案件数量高得惊人。我们可以向读者介绍许多行业中的各种例子，足以使读者应接不暇。但是，我们将只提供一个特别令人窘迫的例子：关于起草专利申请的专利。毕竟，这看起来似乎是专利商标局被认为是一个真正的专家的话题。

我们可以考虑专利号为 6049811 的专利，这是为“用于起草专利申请和进行专利申请的过程的机器”授予的专利。在 2000 年向得州两名发明者授予的这项专利描述了向潜在专利权人提出一系列问题，要求潜在专利权人描述其发明的计算机。该计算机随后会起草一项专利申请的各个部分。对该专利的申请（可能或可能没有使用其自己的方法制作）引用的相关先有技术只包括一项其他专利和两篇发表的论文。 144

正如格莱格·阿赫朗尼安（Greg Aharonian）指出的，日立的一系列研究在多年以前就预见到这样的事件。[165] 这家巨头公司为这些发明至少获得了四项日本专利。虽然日立没有在美国申请保护，但这些专利无疑是应该加以考虑的“先有技术”的一部分。例如，考虑对日本专利号为 3292562 的专利——“在线提交文件的控制系统”——的描述，该专利在美国专利之前近 7 年就已经被授予："为通过将写入申请表格中的各项输入专利控制数据库，来有效生成专利申请表格……在申请时，这些写入申请表格的各项从数据库中提取出来以生成一个申请文件……因此，专利申请表格极为有效地生成。"也许读者将美国专利审查人员没有发现这些先有技术归咎于专利审查人员只能接触有限的外国专利文件。事实上，如果美国审查人员能够很容易地通过电子化手段搜索外国专利数据库，那么这样令人窘迫的错误也许就能够避免。

但是事实上，有充分的证据表明，日立的专利在另一个地方出现：专利商标局员工和其他知识产权专家协会的正式出版物。事实上，在1992年，《专利商标局会志》发表了日立知识产权部门的两个经理写的一篇文章，详细描述了他们开发的一个新系统可使专利申请过程自动化。[166]很显然，审查人员在搜索先有技术时，也忽略了这样的出版物。

新兴行业的特殊问题

145 忽略重要和明显的先有技术在新兴行业中是特别严重的问题。在诸如生物技术、互联网和纳米技术这样的新行业的初始阶段，可能很少有专利已经被授予，但是有相当多的知识在科学期刊中被介绍，并且以非正式知识出现。专利局拥有的检索工具使它能够有效检索美国的专利来搜索先有技术。但是，当很少有知识以专利形式存在时，搜索的质量可能会打折扣。

这在诸如软件和商业方法这样的领域尤其是这样，在这些领域中，非专利先有技术有许多不同的和分散的形式：不仅包括发表的科学论文，而且包括会议论文、商业和其他非技术期刊、用户手册和计算机程序。在许多情况下，专利审查人员缺乏培训和经验来查找可找到相关先有技术的地方。

威吉尔·道特瑞三世（Vergil Daughtery Ⅲ）的故事说明了

专利商标局在处理新技术时的不合格。作为佐治亚理工大学管理学院的本科毕业生和硕士生，道特瑞对金融衍生产品产生了兴趣——金融产品的价值来自一些其他基础的金融工具。他所在的金融班用了几个星期讨论期权定价。期权是一种金融产品，允许投资人在未来某个日期以确定价格（或一定价格范围）购买或出售。例如，买入期权可提供在未来一年内的任何时间以 10 美元的价格购买特定公司的股票的权利。

正如在任何正规学校中发生的事情那样，道特瑞所在的金融班研究了 1972 年发表、1997 年获得诺贝尔奖的布莱克-斯科尔斯期权定价模型（Black-Scholes option-pricing model）。这种模型使投资人能够通过在计算器或电子数据表格中输入一些简单的指标来确定期权的价值。投资者所需要的只是股票的当前价格、期权能够行使的价格、利率、股票价格变量的衡量指标和期权的到期时间。

正如道特瑞解释的，“我们学习［这些内容］，而且我就是不 146
能理解为什么在该模型中始终有一个时间要素”[167]。所以，他决定将他的创意付诸实施。在获得他的硕士学位之后，道特瑞开始为一家非营利机构工作，该机构为残疾人建造教养院。在他的闲暇时间，他为他的期权估价创意申请了一系列专利保护。特别地，他在他的申请中宣称已经做出了重要的金融创新：计算出如何为“无期限”期权定价。与布莱克-斯科尔斯公式不同，布莱克-斯科尔斯公式只生成持续有限时间期限的期权的价值，道特瑞的发现将使投资人对永远持续的期权定价。

2004 年，道特瑞收到了向他的创意授予的两项专利，而且许多申请仍在处理之中。这些专利使他拥有广泛的无期限期权权利。为了使这种创意商业化，他建立了一个新公司——经济发明公司，并且开始鼓励投资银行和证券公司购买他的专利的许可证。道特瑞目前仍在继续他的许可证交易努力，最近正与芝加哥贸易委员会进行秘密协商。

乍一看这个故事就像是典型的美国成功故事。专利使一个年轻的、雄心勃勃的发明家“走到赛场上”。没有他的专利，道特瑞将几乎无疑不能与金融巨头公司进行协商。正如一名评论员所说的：“你不仅可以发明新的做生意的方法和有效控制来自北卡罗来纳州湖泊的新方法，而且你不用必须是势利的哈佛或斯坦福博士才能做到这一点。”[168]

现在只有一个问题：永久期权并不是新创意。事实上，估算永久期权的价值要比估算有明显使用期限的期权的价值早得多，这就是诺贝尔奖被授予解决有限存在期权定价问题的学者的原因。经济学家保罗·萨缪尔森（单独和与鲍勃·默顿一起）已经在20世纪60年代中期就解决了永久期权的定价问题，远在费歇尔·布莱克、迈伦·斯科尔斯和默顿分析有限存在期权定价之
147 前。当然，最初步的MBA金融课程都不会讨论永久期权的定价，因为它们不像有限存在期权那样普遍存在。当然，差不多有数十篇论文对这个主题进行了分析，许多论文都是由诸如默顿和萨缪尔森这样的诺贝尔奖获得者撰写的。

道特瑞并没有意识到他的发现在许多年前就已经存在并不奇怪。但是，为什么专利局审查人员也没有弄清楚道特瑞的解决方案并不具创新性呢？虽然批准道特瑞的初始申请的审查人员艾伦·麦克唐纳（Allen MacDonald）搜索了先前的著作，但他的查找非常不充分。例如，他花费了大量时间去查找先前的专利申请。但是由于先前很少对金融方法授予专利，这种搜索用处不大。无疑，鲍勃·默顿或保罗·萨缪尔森都没有对他们在20世纪60年代在无限存在期权方面的开创性工作申请专利，而且没有人在道特瑞之前对这样的期权申请专利。审查人员也用道特瑞已经使用的短语“无期限期权”搜索了各种文献数据库，然而这样的搜索没有找到任何东西，因为金融文献中使用的短语是“永久期权”。

这种类型的问题很大程度上源于专利商标局本身的组织结构。在1998年之前，专利商标局很少处理金融专利申请，因为很少有观察家相信在法庭上能够强制执行这样的专利。由于资源

配置的扭曲，专利局只安排了少数专利审查人员评估金融专利申请。随后，正如第 4 章中讨论的在 1998 年道富银行裁决中，CAFC 开启了金融专利的大门，该裁决表明，金融发现和其他商业方法可以像任何其他发现一样申请专利。不久，审查人员就被新申请淹没了。

鉴于专利商标局资源不足，毫不奇怪，它在金融经济学方面没有了解或能识别关于永久期权的现有文献的专家。但是，我们 148
只能想象受到蒙蔽的投资银行家一旦收到道特瑞的信件就会“停止和避免”使用自 20 世纪 60 年代以来已经被广泛理解的技术。

道特瑞是否将成功从其发明中获益仍然是一个未决问题。但是，很明显，其他人通常可以从有效性可疑的商业方法专利中获益。一个例子是罗纳德·卡茨（Ronald Katz），他拥有数十项处理计算机和电话之间互动的专利。当你使用电话查询银行余额时、回应报纸中的个人广告时，或者甚至参加电视会议时，你都可能侵犯卡茨的专利。卡茨既没有发明电话、计算机，也没有发明诸如主叫用户 ID 这样的协议。但是他大量囤积的复杂专利使他能够成功迫使许多金融机构和软件公司支付专利使用费：他预计最终从其持有的专利中获利 20 亿美元。[169]

更乐观的观察家可能会指出，这是一个短期问题：最终，这种情况可能得到解决。当专利商标局授予与商业方法和诸如纳米技术这样的其他新兴领域有关的越来越多的专利时，其审查人员在评估先有技术时将会更加专业。随着时间的推移，诸如道特瑞这样的有问题的专利应该变得不是很普遍。

有三个令人担忧的问题使我们不愿意完全接受这种令人宽慰的前景：

1. 一个行业产生初期是影响该行业如何发展的关键时候。商业战略学者已经突出强调了先进入者在一个新兴行业中拥有的优势的重要性。新机会——无论是 20 世纪早期的汽车轮胎还是 20 世纪 90 年代的互联网——通常的特点是数十个（甚至数百个）新进入的公司。在这样的新兴行业中，能够独占鳌头的公司常常处于最好的位置以在随后几乎不可避免的行业淘汰中幸存下来，这个时候，许多新的公司会被驱逐出该行业。这样的竞争优势可能来自许多方面：客户对一个公司的品牌的熟悉、比其他公司有更多生产经验而获得
149 的成本优势都是这样的例子。但是，强大的专利地位是特别有吸引力的优势。因此，如果专利局在一个行业关键的初期向错误的公司授予专利，那么这个错误带来的扭曲就可能长期存在。

2. 所有专利都不是平等授予的。对该问题的每一项研究都表明，授予专利的价值有着非常广泛的分布，非常少的专利占据了所有专利的大部分价值。[170]这些最高价值的专利可能在突破性技术和新兴行业之间分布不均匀。因此，即使有问题的专利在数量上在所有专利中只占很小的比例，它们的加权价值可能也会非常大。

3. 虽然无法发现相关的先有技术这一问题明显最为尖锐，而且也许它产生的负面后果最为严重，但在这些新领域中，PB&J和其他“低科技”专利充分表明，专利商标局在识别重要的先有技术方面的失败是系统性的。没有更根本性的变革，经验将得到改善，但不会解决可疑的软件和商业方法专利的问题。

专利系统的贫困化

因此，我们已经看到，专利局已经变成一个贫民。长期以来，随着专利局的收入不断上缴给财政部门，作为政府资金，私人部门和公共部门的审查人员的报酬差距进一步扩大，对不确定类型“劳动生产率”的推动和专利商标局做出的不足投资共同产生出授予专利的质量危机。

如果只考虑专利质量的恶化，这种变化本来可能仅仅是使人烦恼。但是，当它与专利提供的合法权利的加强相结合时，就产生出真正的倍增影响，它以多种微妙和不那么微妙的方式损害和阻碍了创新系统。这些影响已经在关键的经济部门明确显现出 150
来，而且已经在知识产权的经济重要性普遍提高时发展起来的事实将这一系列问题提升到潜在经济危机的层次。

因此，我们已经讨论的似乎无休止的愚蠢的专利流——和那些我们甚至没有提及的愚蠢的专利，就像是雪人的配件，包括各种煤块、胡萝卜和玉米棒子，或者像是使用卷尺来决定适当的胸罩尺寸[171]——并不是它们最初显现的那滑稽的文件。相反，它们是功能失调的专利系统的病症，正如我们在第 2 章中突出强调的，该系统已经影响到已有公司和新进入者的行为。在下一章中，我们讨论已经采取的试图使专利“列车”回到轨道上来的一些努力。

第6章　专利改革的困境

151　70多年来，专利政策改革者们努力创建一个反对专利的系统。特别工作组和委员会——包括经验丰富的专利律师、政策制定者和学富五车的教授——催促采用这样的系统。最终，在1997年，进行这样的改革的时机似已成熟。但是，改变该系统的努力失败了。

在使改革倒退的行动中，深思熟虑的领先的专利律师或学者是主角吗？不，放弃这些改革努力的关键领导者是那些缺少专利系统相关经验的、多变的政要，从高登·利迪——他是帮助策划水门窃听的FBI密探，到奥利弗·诺斯——伊朗驻尼加拉瓜叛军丑闻的关键人物。

我们已经在先前几章中看到了许多例子中

显示的反对专利系统存在的理由，（这些事例中）专利权人获得看起来违法的专利。一些专利是因为将赌注押在申请人这边（例如，使用连续和分部申请以修改专利权利请求，同时保留旧的优先权日期），其他一些专利的获得是因为训练不够的专利审查人员仓促进行的拙劣审查。但是，甚至当反对公司知道正在处理的 152
或最近授予的专利无效时，它也会发现很难在专利局质疑一项专利。相反，它只能在法院对专利提出质疑，通常是在专利权人对该公司提出专利侵权指控之后。

读者可能会提出，为什么对专利有效性的质疑是在专利局还是在法庭上提出很重要呢？关键的原因是审理“赛场”是非常不均衡的。我们已经提到了专利持有人享有的“有效性假设”，或者换句话说，这是被指控的侵权人在证明被授予的专利无效时必须要超越的一个很高的标准。重要的是，被告不能提出与我们在第 5 章中讨论的专利审查过程质量相关的许多要点；CAFC 已经明确规定，有效性假设排除了引入意图质疑政府决策完整性的证据的可能性。

被指控的侵权人的不利地位随着诉讼成本的增加进一步加深。专利权人只需表明被告侵犯了他们的专利。虽然侵权证据可能引发对专利权利请求含义的复杂的法律争论，但它很少需要收集或筛选大量的物理证据，因为被指控侵权的产品的性质和功能一目了然。这类案件的成本通常不高，而且今天的律师越来越愿意以“或有”基础处理这些案件：原告不承担任何成本，他只需在诉讼成功时享有一些优势。相反，对已授予专利的成功挑战常常迫使被告证明专利无效，这种努力必然伴随着广泛的先有技术研究。（许多先有技术，例如包括专利技术的产品在专利申请提交之前就已经出售的证据，可能事实上只有专利权人才知道。）根据 2001 年的一项调查，通常对涉及大量资金（即有争议的经济价值超过 2 500 万美元）的侵权行为诉讼的抗辩成本大约为 300 万美元。审理专利案件的成本在两年中已经增加了 25％。[172]

美国系统的许多学者已经将授予前审查看做是解决在法庭上 153

证明授予专利无效这一难题的一个方案。例如，1966 年专利系统委员会要求有关方面在提出申请之后 18～24 个月之间公布专利申请，虽然大部分专利在那时还没有得到审理。这样做的主要理由是这将减少与专利授予程序有关的失误。个人和公司可以在决定是否授予专利之前提出审查人员应该考虑的“先有技术”。无论审查人员多么有才华，这些人都不可能在他们审查的专利所属的每一个主题领域都是领先的专家。这就像科学期刊认识到编辑不可能有效地单独评估每一篇论文，因此招募顶级专家提供“同级评审”，同样，外部观点是对专利审查人员判断的有益补充。

在 1966 年报告之后的 15 年间，国会至少提出了八项不同的法案要求引入专利评审。[173]最终，“重新审查”程序在 1980 年付诸实施。卡特总统认为这个步骤是“一个多世纪以来我们的专利法中最重大的改进”。[174]但是，由于各种原因，新程序远远没有成为委员会最初设想的过程：

- 实施程序的时机。重新审查不是在专利授予前进行，而是在授予之后进行。法律和心理因素可能使撤销专利比最初不授予专利更困难。
- 在争端中提出抱怨的一方发挥极为有限的作用。这种作用通常限制在提出最初的书面声明，随附提交给专利审查人员考虑的“先有技术”。另外，该声明必须限制在讨论先有技术的适用性，而不是更一般的争议技术是否应被授予专利的问题。（在一些案件中，也可提出反驳专利持有者权利请求的简短书面证据。）第三方不能提供任何口头证据，也不能对重新审查的任何中间或最终裁决结果提出上诉。
- 在诉讼中可以考虑的问题和证据范围有限。争议可能只局限于专利审查人员在阐明发明的新颖和非显而易见程度时未考虑的专利和出版物这一范围。例如，第三方不能根据发明不满足实用性或有用性要求对专利提出质疑。（例如，考虑基因组专利，这些专利是在其功能仍然不清楚的长长的基因序列片段上获得的。）另外，专利和正式出版物以外的其他先有技术不能被考虑。在许多新技术中，大量关键的证据属于其他类型——例如许多争议中的关键软件代码先前既没有申请专利，也没有正式出版。对“出版”先有技术的限制严重妨碍了第三方，而这些第三方处在重新审查最有可能发挥功效的领域里。

- 参与到审理重新审查请求的各方。在一些专利审查小组 154
中，进行初始审理的专利审查人员同样可能进行重新审查审理。在其他一些案件中，可能使用另一名审查人员。通常，初始审查人员的一名同事会进行重新审查。可以想见，即使是新的审查人员也不愿意推翻他的亲密同事的裁决。

由于认识到这些改革的局限，1992 年专利法改革咨询委员会要求进行更有效的重新审查。除了其他变革，他们还要求使第三方更积极地参与到这些审查过程中，并且允许在重新审查中提出更广泛的质疑。委员会似乎希望以德国使用的反对系统为基础，制定理想的反对系统模型。在德国，专利授予之后的几个月中，人们可以积极提出包括广泛证据的反对意见。

1999 年，这些建议在《美国发明者保护法案》中得到部分实施。虽然该法案被认为从根本上改变了重新审查系统，但实际的改变很有限。正如马克·詹妮斯（Mark Janis）所说的：“非常不
幸的是，新的兼顾各方的重新审查系统负担同样的［特点］，它 155
们已经彻底损害了初始程序的效率。”[175] 所涵盖范围的有限性、诉讼过程的模糊性以及专利审查人员在审查他们自己的行动时的绝对控制地位等问题依然存在。另外，国会对参与这个过程强加了非常高的代价：在不成功的重新审查之后，要求重新审查的各方在法庭上挑战专利的能力将受到极大的限制。

图 6—1 很好地说明了这些改革的令人失望的性质，该图显

示了每年重新审查的专利的数量。重新审查按照类型可划分为第三方要求的传统重新审查、专利商标局专员要求的重新审查、新的参与方程序。[176]该图突出显示了可怜的重新审查数量：美国授予的所有专利中，只有不到千分之一的专利提出重新审查要求。这个数字与欧洲相比是令人震惊的，欧洲的专利申请被拒绝比率接近7%，或者大约是美国的一百倍。[177]而且要记住，欧洲审查人员在审查每一项专利时投入的时间大概是美国的两倍，而且他们拒绝专利申请的比例更高，所以我们可以认为，欧洲对重新审查的需求更少，而不是更多。欧洲程序撤销有异议专利的可能性比美国大三倍。没有任何证据表明最近的改革已经使专利权人更愿意请求重新审查。事实上，重新审查要求的数量已经下降，甚至是在专利授予数量迅猛增加的时候。新的“参与方”重新审查程序几乎完全没有被利用，在该程序生效的前3年中，只出现了6起这种类型的重新审查。

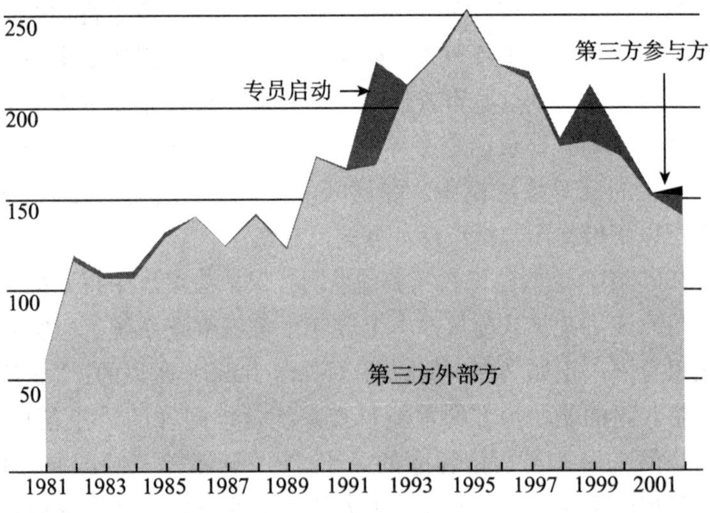

图6—1　启动的专利重新审查

鉴于对清除可疑专利的可行机制的明显需求，为什么还对发布专利申请有这么多异议呢，我们应该允许第三方提供相关的先有技术信息，而且发展可行的反对程序以使（专利的）有效性争议不必在联邦法庭解决。许多人认为，这样的变革将会对小发明者造成伤害。公布申请和允许有意义的反对将以两种方式对小公司造成损害： 156

- 如果专利申请保密，则专利申请若失败（这样的情况越来越少），公司可能会转而依靠商业机密保护发明。反之，如果专利申请被公开（而且如果外部各方有机会提供相关先有技术或反对它们，那么它们就必须被公开），那么专利申请一旦被拒绝，公司使用商业机密加以保护的能力将消失。
- 大公司可能能够通过频繁反对竞争对手的专利来侵扰它们较小的竞争对手。这种战略可能使小公司更难于有效建立它们的专利组合，因为在这个过程中的每一个阶段，它们都被迫花费大量的资金进行抗辩。 157

这些证据可能最初看起来引人注目。但是它们并没有反映出目前的情况：

- 正如上面说明的，公司和个人已经寻求在美国以外对重要的发明施加专利保护。在其他主要国家中，目前的标准是自初始申请日起18个月后公开申请。大型跨国公司——例如日本贸易公司和中国国有企业——认识到这种公开是很有价值的信息来源，而且会很仔细地研究这些申请。同时，各个发明人通常不知道这些专利申请公开，而且不能承担按时提供这些文件的复印件的成本。[178]
- 正如我们在第2章中讨论的，已有公司已经有很多机制用来阻止小公司使用传统的侵权诉讼。鉴于完全成熟的审理和提出异议之间显著的成本差异，我们很难认为这样的附加步骤会对较小的公司和个人发明者造成有害影响。
- 对欧洲反对体系——很多人建议将其作为美国体系的模

型——的研究结果并没有对这些主张提供什么支持。小实体获得的专利受到的反对不可能比较大的公司受到的反对更多。[179]

- 当无效专利被用作诉讼武器时，小公司会比大公司失去得更多。[180]相反，鉴于诉讼的高成本，小公司从可清除坏专利的节约成本的、可行的程序中至少可获得与大公司一样的利益。

尽管这些争论有其局限性，但它们的倡导者激烈争论反对的
有害影响。在这些声音中，最有效地动摇了国会决定的是诸如奥
158 利弗·诺斯（Oliver North）和高登·利迪（Gordon Liddy）这
样的脱口秀评论员，他们断言，改革将损害小发明者。[181]例如，
菲利斯·斯克莱弗莱（Phyllis Schlafly）提出这样的观点，即日
本阴谋家正在推动这样的政策改革：

> 日本人没有发明什么东西，但是他们是强大的和聪明的模仿者，他们多年来一直试图破坏我们的体系。他们一直都要求对每一项发明的所有细节自专利申请登记之日起 18 个月内公开，无论这样的专利最终是否得到授予。美国和日本的专利系统极为不同。日本的经济是以政府和大公司之间的合作伙伴关系为基础的，而且日本专利系统的运作是为了确保工业控制和使用创新。相反，美国专利系统支持私有财产、个人创新和设计创新，并且为企业家打开机会之门。[182]

与此同时，能够从发挥功能的专利系统中获得最大利益的行业领军者保持着奇怪的缄默。总之，目前的情况使我们想起了叶芝（Yeats）的不朽诗篇：

> 完美的人失去了所有信念，而最凶恶的人则充满了热烈的激情。[183]

很不幸，甚至一些经济学领导人都被卷入小发明家潮流中。MIT的弗兰科·莫迪利亚尼（Franco Modigliani）组织了一次请愿行动，反对包括加入反对系统的改革专利系统的努力。虽然莫迪利亚尼对人类知识的繁荣做出了许多贡献——包括提出了储蓄的生命周期假设，在家庭和企业储蓄研究中得到广泛应用；和米勒合作开拓性地创建了关于现代企业金融资本结构的MM理论，但他并没有进行过任何与创新或知识产权经济学有关的研究。（但是他被授予专利号为5206803的专利，该专利覆盖使个人能够用他们的养老金基金、401（k）账户或其他退休金储蓄开具支票的系统。这个专利非常引人注目，因为它没有说明任何非专利性的先有技术，虽然在该专利授予时，接近20%的401（k）计划提供广泛的各种借贷计划。[184]）虽然莫迪利亚尼召集的诺贝尔奖获得者范围遍及各个领域，从米尔顿·弗里德曼到保罗·萨缪尔森，可能彼此意见并不是很一致，但他们都大声反对提议中的专利系统改革： 159

> 诸如专利系统这样的敏感机构及其所有分支机构都不应成为频繁修改的主体。我们相信，S. 507可能对美国和世界造成持久伤害。［它］将证明对美国小公司造成伤害，并且因此阻止新发明流，而这样的新发明流已经对美国在科学和技术进步方面的最高绩效做出了大量的贡献。改革将通过全面削减小公司与大型跨国公司相比获得的专利保护来对其造成伤害。[185]

正如我们在上面看到的，这种争论在很大程度上与今天的专利系统和专利诉讼如何发挥作用（或不发挥作用）的实践脱节。虽然许多专业的杰出人士加入进来，请愿签名人并不包括最著名的从事创新经济学研究和撰写工作的经济学家，例如肯尼思·阿罗（Kenneth Arrow），这位诺贝尔经济学奖获得者最深入地思考了知识产权问题。虽然著名的请愿签名人无疑很好，但当多名有影响的重要人物将他们自己与使奥利弗·诺斯和菲利斯·斯克莱弗莱同样着迷不已的谬论联系在一起时，无疑是这个领域悲惨的一天。我们对这种事态没有什么好的解释，除非也许是高登·利迪强迫这些人都在声明上签名。

专利改革的障碍

我们已经讨论了美国国会在1836年实行的显著的专利改革，这次改革产生了审查系统。但是，值得注意的是自那以后，美国专利系统发生的变化很少。当然，仍然有一些改变，例如，在1952年，国会废除了作为授予专利先决条件的“创造性天才的闪光”这一标准。[186]

160 但是，总体来说，美国系统极为稳定，它的很多特点在世界上其他地方已经遭到了摒弃之后仍然保留了很长时间。换句话说，甚至当系统已经显现出根本性的缺陷时，美国专利法典的改革仍非常难以实现。

为什么专利系统的改革如此困难呢？通常被描述为“政治经济学”的大量著作回答了这个问题，至少在广泛层次上对这个问题提供了回答。这些著作强调了政府规划项目“捕获”的危险。[187]分配津贴和分配财产权的任何计划都倾向于在利益群体或政治家寻求以使自身获益的方式指导公共计划时，可能产生扭曲。管制捕获理论认为，拥有以下三个共同特点的群体将捕获和控制可创造经济利益的计划：

- 他们准备获得重要利益。
- 他们的集体性政治活动并不是太难以至于无法安排。
- 受他们的行动影响最大的各方高度分散，而且发现很难组织起来。

为了说明这种基本思想，我们可以美容师行业为例，他们推动各州要求在授予美容师许可证之前进行广泛培训和经验积累。这样的障碍使许多有远大抱负的企业家被排除在这个行业之外，使小规模的、有凝聚力的、易于组织的现有美容师团体受益。虽然每一个人因此略微受到影响，但消费者不可能受到明显妨碍，因为他们关注更多的是他们烫头发还是留寸头，而不是关注他们在抗议中的国家资本金。因此，管理过程可能已经失败，而且处于广泛（但分散）的公共利益中的改革可能也变得软弱无力。

虽然我们可能希望发明家和专利律师与发型师不同，但专利系统有许多特点使捕获问题成为可能。这些特点中，最重要的特点与这些法律的复杂性有关。理解这些问题的律师不可能很多。虽然很可能很少有人倾向于故意使无效系统保持下去，但他们从当前系统的复杂性——例如冗长的和有利可图的权利转让——中 161
获得的巨大利益可能对许多从业人员针对根本性变化建议做出的反应产生微妙的影响。

而且，不良专利政策的负面影响非常分散，非常难于看到和理解。消费者不可能对抽象司法原则的微妙变化将在多大程度上影响他们为新产品支付的金额感兴趣。甚至首席执行官都不会倾向于对这些神秘的问题给予对诸如税收政策这样的问题相同的关注——税收政策会以直接和透明的方式影响公司的盈亏底线。

促成对捕获现象（capture phenomenon）引发的政策争论进行限制的是专利政策中代表“小发明者”的那一令人头痛的群体。对（小发明者及其代表的）这种诉求的政治权力来源的分析超出了作者的讨论范围，但这并不是否定其效力。尽管存在这样的事实，即目前大量的技术创新来自商业公司有组织的实验室，在他的车库中（是的，在传说中始终是“他”）劳作的、孤独的、被人误解的和被人忽略的发明者在有效的美国政治图标中与社会安全、家庭农场和家庭所有权并列。无论你是谁，如果你与小发明者进行斗争，那么你就可能受到严肃审判。

关于专利政策优点的那些不恰当的公众争论，其根本来源是学者和从业人员在思考这些问题的时候缺乏共同语言。在法律和经济学交错的其他领域，例如税收政策和反托拉斯（反垄断）领域，长久以来的传统是律师和经济学家彼此对这些问题进行交流。这些对话已经帮助律师在许多案件中更系统地思考这些问题，与此同时使经济学家能够更好地了解政策制定者面临的现实世界的挑战。

但是这种交流在知识产权领域中并没有发生，至少直到过去几年还没有发生。普遍的情况是，知识产权在法学院处于次等地位，是由私人实践领域的从业人员教授，而不是有名望的法律学者教授。虽然这些人通常是最好的和非常专业的教师，但是他们
162 在教室外的时间大部分用于他们的专业活动。总之，他们没有很多时间撰写专利系统作品，只有非常少的非正式互动——例如，参加专题讲座和对同事的论文做出评论——而这种互动对学术思想的传播非常重要。

同时，经济学家对专利系统的研究也非常浅显。虽然许多经济学家（包括当前的公司）用专利作为数据对知识流进行衡量，比方说通过查看从一个专利对另一个专利的引用，他们相对来说很少阅读专利系统本身的著作。大部分专利系统方面发表的经济学著作都是高度理论化的，需要从法律和实践如何运作的大量细节中显著抽象出来。例如，一部重要的经济学文献分析了“强大的”专利保护的正面和反面，其中的“强大”拥有抽象意义，即在专利授予之前需要很明显的发明步骤，以便一旦专利得到授予，专利权人就可以控制大部分技术范围。但是，这种类型的分析对于理解我们自己在今天发现的混乱并不是很有帮助，目前，授予专利的专利局实际上降低了审查标准，与此同时，法庭使人们更难在需要证明一项已授予专利无效的案件中胜诉。

对专利政策进行学术分析时的这些局限性并没有真正解释为什么这个领域应该由菲利斯·斯克莱弗莱们主导。但是，它们某种程度上解释了为什么对无事实根据的政策做出的反应没有人们希望的那样明确。

说明：专利优先权争论

对专利政策问题的起源的描述既枯燥又抽象。但是（这样的描述能提供）许多例子以表明，几乎确定无疑将促进社会福利的改革由于各种特殊利益而被终止。在本章的序言中，我们讨论了专利异议的事宜；我们现在讨论专利优先权的问题。

联邦官员在改革专利系统中面临的困难可以通过他们改变美 163
国专利政策的努力过程来很好地加以说明，他们希望改变美国政策以使专利授予在给定发明上首先申请的一方，而不是授予首先发明的一方。虽然这种政策改革并没有直接与我们已经突出强调的专利质量和专利诉讼问题相联系，但它仍然令人感兴趣，因为改变美国政策的事宜看起来非常直接。世界上任何其他国家都是将专利授予首先申请专利保护的申请人。[188]“申请优先”的主要原因很简单：虽然确定首先将一个创意概念化的一方通常非常困难，但很容易确定（该创意或发明）申请专利的日期。

但是，美国坚持发明优先体制。在美国，专利授予能够证明（通过实验室记录和其他证据）他是一项新发明的初始发现者的一方，即使他在其他人提出申请之前没有申请专利保护也是如此（在某些限制范围内）。美国专利系统回到了世界上其他地方在其早期所实行的专利系统道路上。与世界其他国家存在这种分歧的原因今天仍然很神秘。[189]也许，对这种决定最引人注目的解释是历史事件：1793年《专利法》颁布时，两名相互对抗的发明者詹姆斯·拉姆奇（James Rumsey）和约翰·费奇（John Fitch）对河船发动机技术的所有权进行争斗。每一个人都有多项专利申请，但是申请和发明的顺序有所不同。所以，特别设计的专利系统将对他们的个人财富产生巨大的影响。毫不令人惊奇的是，这两个人——和他们的财务支持者，包括乔治·华盛顿和本杰明·富兰克林——施加非常大的影响，试图将该系统塑造得符合他们的利益。无论它的起源是什么，尽管争论偏离了“发明优先”，但该系统仍然持续了超过两个世纪。

多年来，对美国专利系统的工作进行审查的许多第一流的委员会已经建议将该系统转换成“申请优先”系统。例如，约翰逊总统的委员会对专利系统提出的最基本的和核心的建议就是这
164 个。正如他们所说的，更换发明优先系统有很多优点：“申请优先系统将鼓励迅速披露新发明的技术；将延迟的和昂贵的诉讼干扰替换成可以确定发明者优先权可以凭借的公平的和经济的方法；使美国的做法与几乎所有工业化国家流行的做法相协调。”[190]

委员会报告（和支持措施）中的许多讨论突出显示了专利系统解决“申请优先”世界中优先权争端的弱点。与依赖可以客观和明确地确定的申请日期不同，确定哪一方首先发明一项成果的过程决不是一件小事。对发明优先权的争执通过专利商标局专利委员会上诉和干预之前的“干预”程序解决。在相互争议的情形下，由委员会进行审理以确定哪一个发明者首先做出了该项发明。

干预过程的特点是“古老的过程，布满了易受骗的陷阱”[191]。这些程序根据它们自己的规则运作，这些规则非常复杂，以至于甚至联邦巡回上诉法院都对该过程产生误解。[192]最后期限和规定的特点是“非常严格和无情的实施”[193]，这意味着雇用相对少的（但非常昂贵的）专注于该领域的律师真正是必需的。另外，该过程可能被延长。例如，争执中首先获得专利的一方可能通过要求在诉讼开始之前对他的专利重新授予以尽可能地延长时间，该过程有可能会有几个月。[194]反映这些困难的事实是，每年大约仅有 60 个案件，申请在后的一方被确定是第一个发明人。[195]因此，美国坚持这种复杂的、昂贵的和特殊的系统，以推翻每年提交的专利申请中 0.03%的申请的优先权。此外，正如图 6—2 所描述的，近年来，这种干预的频率已经显著下降——降到历史水平以下。这可能反映出劳累过度的审查人员没有多少时间来审查不断增加的待处理专利申请。[196]

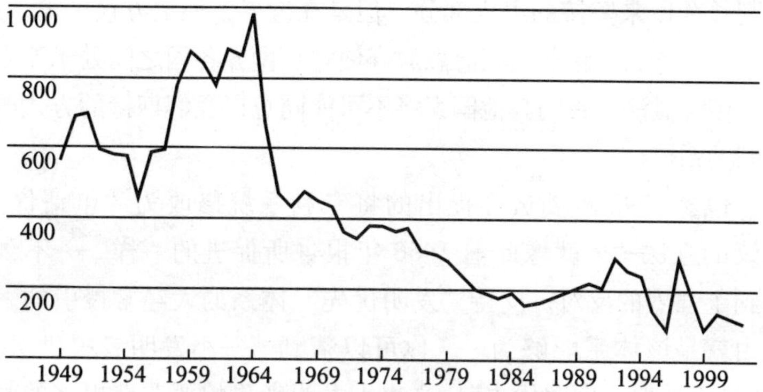

图 6—2　宣称的专利干预的数量

相比之下，在“申请优先”系统中，争执可能会更快速地得 165
到解决：专利局能够快速确定申请日期。另外，“申请优先”系统将鼓励发明者及时申请并因此披露发明。尽管存在这些强有力的证据和约翰逊政府的支持，体现了 1966 年委员会建议的立法在国会变得软弱无力。

解决这种混乱的又一次重要的努力开始于 1992 年，当时商务部的专利法改革咨询委员会将废除发明优先的体制作为它最优先的活动。[197]该报告突出说明了美国专利系统自身特点的持续性是专利系统在全球协调一致的主要障碍。特别地，在 1985 年，世界知识产权组织（也称作 WIPO，这个位于维也纳的国际组织负责管理《巴黎条约》和后续的条约）开始努力设计出一份条约草案，以建立它所希望的所有国家都能够接受和采用的专利法模型。

1992 年（专利法改革咨询）委员会突出强调了这样的事实，即美国将从全球专利系统的协调中获得很大利益，因为美国是知识产权的净“出口国”。世界范围内的协调一致将普遍增强专利在世界范围内的价值；作为世界上最大的发明国，我们将是专利 166
系统此类增强行动的最大受益者。例如，WIPO 协议草案要求世界范围内采用“等价原则”，该原则允许专利权人覆盖比其初始被授予专利时更广泛的技术领域。[198]这种规定已经成为美国专利原则长久以来坚持的组成部分，但是在世界其他地方很少被采用。委员会注意到，除非美国愿意放弃使它在世界各国之间处于孤立状态的传统做法，否则其他国家将不可能同意以我们期待的方式改变它们的系统。

包含1992年委员会提出的将专利系统修改为“申请优先”建议的立法——就像此前1966年报告所促进的一样——不久就遇到了强烈的反对。支持“发明优先”体系的人经常援引的一个理由就是该体系能够为——你可以猜到——小发明者提供保护，（如果不采取“发明优先”）这些小发明者恐怕要花费更多的时间才能将发明转换成完整的专利申请。如果小发明者用更长的时间准备专利申请，那么他们可能在申请优先的世界中败给财务状况更好的竞争对手。倡导者走得更远，他们将废除发明优先标准的建议——虽然除了一些陈年轶事之外，没有提供支持他们的声明的证据——看做是“独立发明者的丧钟”。[199]

这种争论显得似是而非，原因有多个：

1. 已经存在强大的申请优先压力。经济上重要的发明在许多国家中通常都是专利申请的主题：只有相对不重要的发明只在美国申请。由于实际上美国以外的所有国家都使用首先申请系统，所以对所有规模的发明者来说，都存在快速申请的巨大压力。另外，正如上面所看到的，在美国专利系统下的大部分有争议的案件，首先申请的一方仍然会胜诉。至少在很大程度上，这种模式反映了干预系统的特点——首先申请的一方更容易证明自己是原始发明者。[200]

167 2. 在1992年委员会报告（和其他同时发生的改革努力）之后采用的美国专利系统的另一项近期改革规定了新的临时专利申请，这种申请比完全合格的申请更容易提出。因此，获得优先权日期不再是完成复杂申请之日。只要申请人在初始申请的第一周年以前完成了全部专利申请，那么他就可以保留初始申请日期。

> 3. 另外，实际上小实体常常成为当前专利系统中干预诉讼中的输家。在许多案件中，它们缺少资源或必要的管理资金来保留证明它们是原始发明者所需的详细记录。[201] 此外，这种诉讼的成本——可能共计数十万美元——通常对没有“雄厚的资金”或无法轻易进入资本市场的小私人公司产生抑制。
>
> 4. 最后，在多大程度上重视独立发明者的论据是值得怀疑的，即使他们能够从当前系统中真正获益。正如当时的专利商标局专员布鲁斯·雷蒙（Bruce Lehman）所说的，许多反对采用申请优先的、直言不讳的独立发明者是知识工业的“周末游说者…… [而不是这些工业的代表]。”[202]

采取这些建议的立法努力再一次失败：1994 年 1 月，商务部长荣·布朗（Ron Brown）宣布，该机构将放弃将美国专利系统转变为申请优先的努力。毫不令人奇怪，这种违背克林顿政府努力的决定会导致对 WIPO 条约的放弃。世界各地的专利一致性仍然是美国政策遥远和难以捉摸的目标。[203]

虽然在 20 世纪 90 年代出现的反对改革努力的声音——正如反对先前改革的努力——由小发明者的倡导者领导，我们很难不得出这样的结论，即从发明优先系统中获得最大利益的人并不是小发明者，也不是任何此类型的发明家。更确切地说，是专注于干预的一小部分专利律师。也许，并不令人惊奇的是， 168
看起来对克林顿政府废除此目标的决策最有影响的建议是美国律师协会在众议院的代表提供的反对意见。[204] 事实上，一些发明优先的支持者已经除去了围绕着他们的争论的与“公平”有关的贫乏的语言掩饰，并且承认专利律师在当前专利体系中具有实质性的财务利益。[205] 虽然每一位活跃的专利律师进行干预的总体支出可能不是很多，但数百名律师操控着大量的干预。[206] 当前体系的存续对这些个体具有可观的利益，因而这些人会去保护它。

为什么改革如此困难?

正如这些案例研究所阐明的，改革专利系统的联邦努力的失败有多种原因：

1. 问题很复杂，而且有时候难以理解。简单的权利申请通常会蒙蔽这些讨论。例如，因为公司使用专利来保护创新，所以人们通常认为“更强大”的专利会从创新中获益，而事实上对现状的任何改变都被定性为“弱化”或“威胁”专利系统。经济学家和律师之间对这些问题缺少对话已经限制了讨论可提升到更适当的水平——但更难以传递如何使专利系统在鼓励创新过程中的有效性最大化（的各种主张）。

2. 在容易引发诉讼的复杂的专利体系内具有最大经济利益的那些人——专利律师，已经被证明是非常强有力的院外活动集团。高度专业化干预律师全力捍卫发明优先权就是一个主要的例子。[207]

3. 技术密集型公司的高级主管没有围绕着问题采取有效行动。原因可能是受到有害影响最大的公司是小规模、资金紧缺的公司，这些公司没有时间进行主要的游说努力。而且
169 甚至对大公司来说，错误发挥功能的专利系统的有害结果很分散，而且不直接，这对商界在这个主题上产生始终如一的声音具有强大的反作用。

4. 沙子对创新系统齿轮的最终损坏是消费者本身造成的，对这些消费者来说，有害结果甚至更为间接，并且难以觉察。没有人看到这些产品由于诉讼成本和专利使用费而变得更加昂贵，而且没有人知道产品的推出会由于专利的灾难而不幸被延迟或取消。受过教育的消费者忘记假设奥利弗·诺斯和弗兰科·莫迪利亚尼处在同一个战线上的争论可以完

全被忽略也是可以理解的。

这些问题可能不是专利政策所唯一具有的。人们可以考虑各种公共政策领域，华盛顿做出的讨论常常搞得一团糟，而且做出的决策非常差。当然，当涉及重大利益时，重要的是尝试着分析“对更好的产品来说，什么是最好的”，并把这作为讨论的一部分。

第7章　创新和无止境的渴望

170 专利专列虽然尚未出轨，但已失去控制。专利系统在创造和保持创新激励措施方面固然发挥着关键作用，但它的运作（和争斗）已经变得越来越昂贵。更糟糕的是，它的病变增加了向创新投资的不确定性，因此损害了专利系统设计创造出的各种激励措施。

我们在第 3 章中看到，专利被指责阻碍而不是鼓励创新的危机已经成为工业化世界屡次出现的特点。与 19 世纪荷兰的危机不同，现在似乎并没有出现广泛的支持来废除专利系统。但是，现在是认识到加强专利的法律价值和降低专利审查严格性的偶然组合已经损害该系统的时候了。现在是考虑重新制定标准的时候了。由于混乱的起源是（由于专利权人）在法庭上和在专利商标局都更容易成功，所以我们建议重新较正标准，对这两个地方同时进行处理。

有一个很古老的故事，总统哈里·杜鲁门曾经讽刺说，他希望寻找只有“一只手”的经济学家，因为他厌倦了那些经济学家的建议，他们总是说“一方面，这样做可能有意义，但是另一方 171
面，它可能没有意义”。在本章中，我们将无可避免地看到与所有提议的解决方案关联的潜在成本和问题的职业性风险。但是，我们将介绍所要采取的改革的最有前途的方向。

目标和目的

在提出建议之前，重要的是要清楚，专利系统的改革应该实现什么。虽然专利领域不同的分析人员强调专利政策问题的不同方面，但人们对该系统改革的广泛目标有着一致的意见：

- 提高专利质量。“专利质量”在某种程度上是由旁观者确定的。无疑，正如以上讨论的例子中描述的，人们在那些并不具有创新性和/或显而易见的发明上获得专利。当然，解决这个问题的一个方法是使获得专利的难度更大一些。如果我们这样做，那么被授予专利将因为数量少而拥有非常高的质量，从这个意义上来说，这是申请者应得的。但是，专利质量的目标不仅仅是确保不授予很差的专利。它也必须包括确保发明者在拥有真正具有创新性的、非显而易见的发明时，能够被授予专利，这样的专利申请应该相对快速和可靠地得到处理，而且一旦被授予，它们就可以提供足够的财产权来保护在发明中的后续投资。
- 减少不确定性。改革的主要目标应该是减少现行专利系统在许多方面呈现出的不确定性。（具有讽刺意味的是，专

利系统唯一变得更为确定的方面是申请过程本身，因为每一个初始申请最终被授予专利已经变得几乎是确定无疑的
172 事了。）创新机器的齿轮中的沙子就是公司和个人必须始终担心他们的研究和产品开发可能毫无价值，因为一些人会向他们宣称到目前为止未知或未试验过的专利。另外，当提出这样的专利侵权声明时，与对此声明进行抗辩的能力有关的不确定性通常导致放弃所谓的侵权技术，或者同意支付可能不需要的专利使用费。

- 控制成本。专利商标局目前的运作每年约花费10亿美元。专利申请人的花费是这一金额的几倍，而且专利诉讼更是要花费数十亿美元。如果它们能使专利系统合理而平稳地发挥功能，那么耗费这些资源可能是值得的。但是该系统并未良好地发挥作用，所以我们有理由怀疑我们是否需要在专利系统上投入更多的社会资源。理论上，我们可能会认为，专利商标局的财政支出应该从它以费用形式筹集的资金中扣除，更确切地说，它应该用它所收取的全部费用来确保高质量的申请。但是，实际上，资源不可能显著增加，特别是对于专利商标局本身的运作来说，所以，我们需要寻找在这些问题上投入资金以外的解决方案。

一些简单的事实

朝着改革迈出的下一步是理解有关创新过程的一些基本事实。

错误将始终伴随着我们

专利审查永远不会完美。审查人员是人。更重要的是，在确定一项发明是否真正具有创新性时，本质上必然存在判断过程。毕竟，甚至年轻的阿尔伯特·爱因斯坦在瑞士专利局作为“第三

级专利审查人员”评估申请时，都面临各种挑战。[208]因此，我们不能希望拥有一个不会颁发任何“坏”专利的系统。重要的是要 173
拥有一个使坏专利尽可能少的专利系统。而且，由于始终会存在错误，所以重要的是拥有一个尽管颁发了一些坏专利，但能够合理发挥功能的系统。

更广泛深入的审查将需要更多的资源。按照当前的申请率，对所有的专利申请进行足够彻底的审查以显著减少颁发坏专利的问题将需要非常昂贵的代价。现在，专利系统很重要，所以专利商标局花费数十亿额外的资金对社会来说是值得的。但是，专利商标局所耗费资源的显著增加，这在当前的财政环境中可能非常不现实。幸运的是，为所有专利申请提供非常可靠的审查并不需要多少必需的资源。

麸子远比麦粉多

理解为什么显著增加审查资源并不是最佳的问题解决方案的第一个步骤是：理解大部分专利是，而且始终将是没有价值的和不重要的。这并不是专利局的特点；它是创新过程的特点。这在某种程度上是由于人类的思想倾向，对我们来说，每一个人都认为自己的思想比其他人的思想好。当然，这也反映出技术发展过程的一个更深层次的属性：新思想的重要性在最初发展出来时，通常不可能做到家喻户晓，因为重要性依赖于后续发展，包括技术上的发展和经济上的发展。许许多多“好的”思想获得专利，但实际上永远没有变成有价值的东西。这并不是说它们不应该在开始时被授予专利，而只是说对每一项拥有持续技术或经济重要性的发明来说，始终存在数十个乃至数百个看起来具有潜在价值，但最终证明是毫无价值的思想。

几乎所有专利最终都没有价值的事实对“专利质量”问题来说具有重要的意义。如果大部分专利的命运是被送到技术历史的垃圾箱中，那么花费许多资源来确保它们在颁发之前全都得到非常高质量的审查是没有意义的。众多发明者和专利律师队伍可能 174

并不喜欢听到这些，但对大部分专利申请来说，这将仅仅是不可能的事实——对发明者及其雇主或竞争对手来说——无论专利被授予还是没被授予都是无关紧要的。

每天，大部分专利审查人员所做的事情就像裁判在一场橄榄球赛最后一分钟做的事情，在这场球赛中，一支球队已经以 30 码胜出。他们仔细审查制定规则的行动，因为规则必须制定，但是他们并不在意赛事的结果。关键的差别是，在专利游戏中，在大部分时间里，没有人知道这种特殊的案件会取得成功还是会失败。就好像没有人——裁判、队员和教练——对比赛分数有任何想法，或者就好像比赛没有胜负。但是，他们全都很认真，因为有可能他们所参加的特殊“比赛”将会证明（几个月或几年之后）该赛事很重要。对于那些被证明很重要的专利申请来说，如果专利正如应该做的那样得到授予，那么将有诸多意义。但是对于其他专利来说，将不会有重要的技术或经济结果。而且这些“其他专利”在该系统的所有申请中占绝大部分。

“合理的忽略”

如果仔细审查的成本很昂贵，而且大部分专利将对任何人来说毫无意义，那么扩大所有专利申请的仔细审查方面的社会资源将效率很低。在多姿多彩的马克·莱姆利（Mark Lemley）时代，我们可以将很差的专利审查质量看做是代表“合理的忽略”。他的意思是，社会合理选择忽略本应由专利商标局授予的专利。[209]莱姆利认为，事实上，简单接受专利商标局审查将使专利质量很差，而真正有意义的案件将必然在法庭上被挑选出来，这样的做法非常有效率。由法庭处理的案件代价很昂贵，但是由于只有很少有意义的专利将会提起诉讼，所以莱姆利认为，诉讼的成本从总体来说是适当的。

175 我们同意莱姆利的这个观点，即以当前的专利申请速度，对所有的申请都进行彻底的审查效率很低。但是，我们不同意这样的说法，即当前状况的效率是可以接受的。第一，虽然诉讼的现金支付成本可能可以承受，但是专利质量普遍低下的系统造成的无形成本要比仅仅向律师支付提交专利申请和辩护专利案件的成本高得多。当前系统所产生的有关谁能合法使用何种技术的不确定性对所有各方来说都是难以量化的成本，但是无疑这一成本相当大。与任何试图将新技术商业化的人交谈，你可能会听到有关重复专利权利请求所产生的麻烦和不确定性的抱怨。另外，这种不确定性损害了每一个人向新技术投资的激励因素。从作为整体的社会的观点来看，永远无法进入市场，或者刚进入市场就在有威胁的专利战面前放弃的新产品和新过程的损失要远大于专利诉讼的可见成本。幸运的是，系统中存在可以进行的改革，这些改革可以提高专利质量，而无须显著增加审查过程中使用的资源。

发明者对专利局的行为做出的反应

更有效的专利审查的关键是除考虑专利审查人员所做的事情之外，还考虑专利审查过程的本质如何影响发明者和公司的行为。大致来说，如果专利局允许颁发不适当的（无价值的）专利，那么这将鼓励对无价值的或不适当的专利拥有申请权的人露面。虽然过去 20 年间专利申请率的增长受到许多因素的驱动，但一个重要的因素是如此简单的事实，即获得专利已经变得太容易了，所以先前绝不会提交的申请现在看起来值得一试。相反，如果专利商标局始终如一地拒绝无价值的专利申请，那么人们将会了解到，无价值的申请既浪费时间又浪费金钱。虽然一些人仍 176
然会尝试——或者因为他们没有足够明智地认识到他们拥有的是无价值的申请，或者因为他们愿意赌一把，但申请的数量可能会比近年来少得多。

为了阐述这种观点，我们可以假想下面的推理试验。假设专利商标局可以通过使审查人员花费在普通申请上面的时间翻倍来显著减少对显而易见的或不具创新性的发明颁发专利。如果这种改变对申请率没有影响，那么它将需要使专利商标局的预算翻倍，需要两倍的审查人员在合理的时间期限内处理申请量。但是，审查标准的显著变化不可能不影响申请率。我们很难知道有多少申请量受到影响，但是，如果每年的申请数量减少一半，那么使审查人员在每项专利上的努力翻倍的做法可能不会使专利商标局的整体预算增加。

这种假设并不是试图表明问题很简单，它只是希望说明发明者和公司面临的激励措施会影响专利系统的效率。当专利审查的质量恶化时，提交边际专利申请的激励因素增加。恶性循环已经出现，在这样的循环中，对专利申请的不适当的审查导致申请率增加，而申请率的增加又相应使审查人员更忙，进一步降低了审查质量，如此周而复始。如果可以找到提高专利质量的工具，那么这种反馈将发挥相反的作用，减少申请率，并且释放出资源来进一步提高质量。

潜在诉讼对法庭如何行为做出反应

当 CAFC 发布增加专利权人在侵权诉讼中获胜的机会的裁决时，这种变化的结果并没有限制在特定案件结果的可能变化中。感受到的成功可能性的这种变化事实上改变了起诉争端的内容。
177 与涉及专利争端的律师进行的交流表明，CAFC 加强专利权人进攻和防守武器的做法已经显著增加了专利权人提出诉讼的意愿。同样，这样的变化已经显著降低了受到指控的侵权人进行斗争的意愿，虽然他们相信用来威胁他们的专利无效。限制诉讼的增长和诉讼风险给所有创新者带来的不确定性将要求这些激励因素做出改革。

获得流入到专利商标局的信息

激励因素的另一个重要方面与信息有关：谁拥有激励因素，他们如何使用这样的激励因素？决定特定的专利申请能否被授予专利所需的许多信息——特别是有关已经存在的相关技术的信息——掌握在申请者的竞争对手手中，而不是在专利商标局。而且对这些公司来说，它们有强烈的激励因素来共享这样的信息。

如果一个竞争对手提出专利申请，那么我们最不希望看到的是，它们所申请获得的专利在专利商标局了解我们的技术时本应该被拒绝。因此，我们将有强烈的动机提供这样的信息，只要专利商标局给我们机会提供这样的信息，而且只要利用这样的机会不会使我们在战略上处于不利地位。所以创造出这种类型的机会是专利系统可以挖掘私人各方的激励因素以提高效率的另一种方法。

但是，为了避免我们对激励因素的意义估计过高，认识到私人各方对他们面临的激励因素做出的反应也可能把工作搞糟，这是很重要的。特别地，我们为第三人创造向专利商标局提供对他们的竞争对手的专利申请有害的信息的任何机会将会被投机利用，即，甚至在“好（有价值的）”申请的情况下，如果我们能在我们的竞争对手的前进道路上轻易设置一些各种类型的障碍，那么我们可能很愿意这样做。这意味着在使竞争对手更容易干预的程序中的任何变化在某种程度上将增加有效专利申请的成本、不确定性和延迟。

最终，对激励因素的关注可能会减轻，但不会消除在系统的成本、筛去坏（无价值的）申请过程的可靠性和好的申请得以授予专利的速度和确定性之间所必须实现的折中。我们可以拥有一 178
个这样的系统，即出现的错误非常少，而且能快速授予有效的专利。但这将是一个运作起来代价非常昂贵的系统，因为它需要非常有经验的审查人员耗费许多时间。我们也可以拥有一个这样的系统，即在申请道路上设置如此多的障碍，以至于坏的（无价值的或不适当的）专利几乎不会被授予，但是如果没有大量的资源，这样的系统将不可避免地放慢速度，或者驳回许多有效的申请。或者，我们可以拥有现在的系统，在这样的系统中，我们如此容易获得专利，以至于许多本不应该通过的专利申请都获得了成功。

我们无法在不取消任何良好申请的情况下清除垃圾，而且我们也无法在不耗费更多资源的情况下极大地改善这种情况。但是，卓越和优秀并不是对立的。如果我们注意到不同改革为需要的和不需要的行为创造出的激励因素，那么我们就能够重新调整系统，以在快速批准好的申请和坚定拒绝坏的申请之间实现更好的平衡，而且我们可以在无须显著增加资源的情况下做到这一点。

构建改革部件

我们的专利政策改革有三个关键的概念要素：

1. 向拥有发明新颖性信息的各方创造激励因素和机会，以在专利商标局考虑是否授予专利时，向专利商标局提供这样的信息。

2. 为专利申请提供多种级别的审查的可能性，当专利申请进行到更高级别时，审查的时间和精力相应升级扩大，这样资金就不会浪费在不重要的专利上。但是要足够谨慎，以避免在风险较大的地方犯错误。

3. 在对基于先有技术而存在的专利无效性诉讼做出裁决时，用法官和精通专利事务的专业人员代替陪审团，这样，受到无效专利威胁的各方就有合理的机会提出他们的抗辩。

179 前两个建议旨在使专利商标局在合理成本的基础上更有效率。第三个建议解决了这样的事实，即最好的专利商标局仍然会犯错误，所以我们需要能够纠正这些错误的法律体制。本章的下面部分解释说明如何在专利商标局中实行这些改革。

在专利商标局中寻求实现高质量

在概念层次上，确保专利商标局审查过程的质量有两个关键的组成部分。第一，（作为立法机关的）国会和（作为司法机关的）法院必须向专利商标局提供授予专利的适当的定义标准，特别是不具有显著性这一定义，它起着区分麦粉和麸子那样的事物的作用。第二，专利商标局必须有适当的程序来执行这样的标准。

正如在第 4 章中讨论的，CAFC 的判决似乎使得使用已确认的先有技术证明申请的显而易见性并因此而拒绝授予专利更加困难。一些观察家已经指出，修改 CAFC 的原则是使专利商标局颁发更好的专利所需的先决条件。[210]在我们看来，在专利商标局在专利授予方面显然遗漏了先有技术的情形下，了解这些法律原则发生变化的重要性是非常困难的。因此，我们提议首先改善专利商标局和它的工作程序。这些改革很可能并不充分。改组之后的专利商标局授予专利可能会感受到 CAFC 裁决的限制，尽管存在重要的先有技术，或者重获新生的专利商标局可能发现它做出的否决专利的决定不断被 CAFC 推翻。如果发生这样的情况，那么将必须结合重新制定非显而易见性标准所需的司法或法律改革的议题，但至少我们有可能做到这一点，而不会出现任何标准产生的坏决策浪潮导致的混乱和干扰。

我们提出的改革专利商标局程序的建议是依据这样的概念，即需要为大部分专利都不重要这一事实提供的外部信息是：最有 180
效平衡是由拥有多种潜在审查级别的程序带来的。审查将像现在这样开始，由一名审查人员对申请进行审查，而且其他各方并不参与进来。但是，如果这名审查人员决定该专利应该被授予，那么将会出现“授予前提出异议”的机会。公布将要被授予专利的发明，然后在短暂的时期内允许其他各方向审查人员提供证据，如果存在他们认为应该成为该发明不具有创新性或显而易见的裁决基础的“先有技术”，那么这样的专利就不应该被授予。这种授予前异议将不会给外部各方以任何申辩的机会，而且他们也不能使用法律发现过程来制造额外的先有技术证据。对拥有信息的各方来说，这只是向审查人员提供这样的信息的一个机会。

如果在威吉尔·道特瑞追求他的“无限期期权”的专利时（参看第 4 章），存在这样的选项，那么对投资银行或恼怒的学者来说，向专利审查人员发送保罗·萨缪尔森在 20 世纪 60 年代所写的关于这个主题的同时期论文是一件很简单的事情。虽然这些论文本身有一定的专业性，但人们只需阅读它们的摘要就可以认识到，永久期权并不是一个新思想。阅读了这些论文之后，审查人员就应该知道，道特瑞的申请并不具有创新性，而且应该理所当然地被拒绝。

在用这种方式审查了出现的任何证据之后，如果审查人员决定授予专利，那么还存在最后的机会，以要求重新审查的方式进行审查。这种要求应该包括专利无效案件的既定基础，而且如果这样的基础不存在，那么专利商标局可以拒绝批准重新审查请求。但是，如果重新审查开始，它将是由独立审查人员对最初决定的全面审查，而且请求重新审查的各方有机会提出它们的申辩。

重新审查的逻辑——与授予前异议不同——可以在亚马逊
181 “单击”专利（参看第 2 章）中看到。与永久期权不同，先前不存在已发表的科学论文明确地证明单击专利不具创新性或有显而易见的先有技术的存在。但是，这个专利的显而易见性在人们使用的类型广泛的软件实践中存在。使亚马逊申请显而易见的情况将可能需要提供证据和解释，可能包括专家的证词。通过设计，授予前异议程序并不允许这样做，因为它必须保持快速和简单，以防延迟大量的有效专利授予。但是，很明显，在这种争端中赌注极其巨大。如果可实施的重新审理选项已经存在，那么 Barnesandnoble. com 和其他各方将有动机和机会证明亚马逊专利的无效性并解决这种争端，而无须走到法庭这一步。

这种升级式系列审查的逻辑是，对大部分专利将永远只进行最基本的审查，但是对那些真正有意义的申请来说，各方应该有动机和机会将他们拥有的信息提供给专利商标局，而专利商标局应该有机会确保它在真正有意义的案件中做出正确决定。我们现在更仔细地考虑这些步骤中的每一个步骤。

授予前的异议

前一章中讨论了美国专利商标局设立授予前异议努力的历史。允许在授予前提出有限异议的逻辑是不可避免的。专利商标局不可能知道它应该知道的每一件事情，而申请人没有适当的动机提供破坏有效性的信息。其他各方可能拥有与有效性有关的信息，而且他们也有动机提供这样的信息。他们在历史上并没有得到任何机会提供这样的信息，在某种程度上是因为专利申请已经保密，直到专利得到授予。但是现在，申请在提交 18 个月之后公布，事实上没有任何理由不允许拥有相信与专利申请有效性有 182
关的信息的各方将这样的信息提供给审查人员。在这个阶段，只有审查人员将决定这样的信息是否与申请相关，而且它会对申请产生什么样的结果（如果有的话）。因此，不会产生任何显著的延迟或增加费用。

在当前程序中，外部各方有某些机会使有关先有技术的信息加入到专利商标局的过程中，但是这些机会的存在方式使得使用它们的动机和它们将实际影响结果的可能性都最小化。例如，在连续和分部申请（在第 2 章中讨论）的案件中，甚至在申请合法“发布”之前，就可能从专利商标局网站上了解到这样的申请已经提交。根据专利商标局规定，一个人可以对待处理的申请提出“抗议”，提出根据与包括显而易见性在内的专利性质有关的理由认为该申请不应该被授予专利。但条件是——除了使外部信息进入该过程困难之外，没有明显目标——这种抗议必须在申请被依法公布之前提交。[211] 由于依法公布发生在提交申请的 18 个月之后，这将使未来的抗议者处于留意在分部/连续申请列表中突然冒出来的新申请，并于申请在技术上“公布”之前提出抗议的尴尬境地。自己去琢磨吧。

将信息增加到专利商标局记录中的另一个现有机制（除了下面进一步讨论的要求重新审查）是简单地在专利授予之后将先前

存在的专利或其他出版物的引文堆砌到专利文件中。[212]当然，这对这样的信息来说，已经太晚了，以至于无法产生所需的有益影响来使审查人员在情况已经太迟之前做出正确决定。

当然，允许外部人提供有关先有技术信息的适当时间期限是在公布之后——当世界正式注意到专利商标局正在考虑授予一项专利——但在专利授予之前，这样审查人员在做出决定之前就可以考虑这样的信息。正如我们已经强调的，创造这样的机会不需
183 要过度地把过程弄糟，因为外部各方不会有机会申辩或参与审理处理过程——他们只是提供信息。

鉴于这种有限的参与，合法处理所提供的信息以不会破坏提供这类信息的任何人的激励因素是很重要的。特别地，如果尽管外部各方提交了假设的先有技术，但专利仍然被授予，那么就不应该存在有关外部各方提供的专利在技术方面有效性的法律推定。否则，考虑向审查人员提供信息的人将不得不担心在可能不理解这些信息的审查人员身上“浪费”时间和精力，这样就破坏或者严重削弱了信息未来在法庭上的价值。

具体来说，假设这种程序在道特瑞专利得到审查的时候已经存在，而且有人已经提交了萨缪尔森的论文，但由于各种原因，审查人员仍然授予了这个专利。如果存在对这一专利的诉讼，那么各方将希望挑战该专利的有效性。鉴于先前发表的论文，道特瑞的发明并不具创新性。如果论文实际上已经提交给审查人员，标准的法律实践将是假设它并没有使该专利无效，因为审查人员看过它们，而且仍然授予了专利。这种假设将使根据这些理由证明专利无效的努力更加困难。如果提供这些论文的一方有适当的机会向审查人员解释这些论文的重要性，那么我们可以适当假设仍忽略这些论文的审查人员有很好的理由这样做，这样就将举证责任压在后来希望证明它们的相关性的人身上。但是，提议中的程序并没有给这些信息的提供者任何机会以解释它的重要性，所以没有理由产生出这样的假设，即信息已经被合理考虑。因此，保持良好的激励因素既适当，也很重要，这样就可以使人们能够

提供这样的信息，而且在需要时可以使用它，而不会出现任何有害的假设。

专利授予后的重新审查

重要的一点是，在专利授予前出现的任何异议只有上述描述 184
的有限形式，以使它不能被竞争对手战略性地用来延迟或阻碍有效专利的授予。但是，由于这种有限的性质，授予前异议可能不足以确保无效专利不被授予。因此，升级审查强度的下一个步骤应该是正式重新审查已授予专利的机会。与授予前异议相比，重新审查应该给挑战专利的各方以更多的机会来提出申辩。但是，正是由于这种更大的机会，存在限制公司战略性地和无意义地使用重新审查的能力的障碍十分重要。

使用重新审查以消除坏（不适当的）专利探讨了两个重要的简单事实：第一，额外的审查资源并不是集中到所有专利上，而是集中到那些重要到足以使我们关注的相对数量较小的专利上。它因此提供了以节约成本的方式改善审查标准的希望。第二，它为拥有有关专利申请是否应被授予的相关信息的外部各方提供了机会向专利商标局提供这样的信息。通过为外部人创造动机来向审查人员提供相关信息，审查人员就能够做出更好的决策，而其使用的公共资源比审查人员必须独立地发现所有相关信息所需的公共资源少得多。

切实可行的授予前异议和重新审查过程的另一个优点是它们将协助专利商标局使其了解新的和快速发展的技术。向外部人提供机会和动机以将重要的相关信息带到专利审查过程中来不仅将改进在各个案件中做出的决策，而且将为审查人员提供有关新的、动态的领域如何发展和在何处发现先有技术的一般性教育。这将在所有的方面都产生出更好的决策。

加强对所有专利的审查应该对有效的重新审查和授予前异议
机制提供补充。合理忽略原则意味着对所有专利都进行在诉讼或 185
甚至在重新审查中进行的详细审查并不是很有效。但是当前的标准如此低下，以至于它的无效几乎是确定无疑的。如果专利商标局将目标设定为近似使每个授予专利的审查人员平均使用的时间翻倍——包括审查授予前异议中提交的证据所需的时间，并且将这种增加的关注与有效的重新审查结合起来，那么它就应该能够可信地显著降低显而易见的和不具创新性的专利的授予。这将阻止那些只是因为申请人知道他们可以侥幸得手才提出的申请，从而创造出良性循环。

不幸的是，无法知道可靠地提高审查标准将如何使申请大量减少。但是，我们有理由相信这样的作用将会很显著。从 1990 年开始，当专利商标局转变到当前对专利申请者友好的格局时，申请已经从每年大约 15 万件增加到每年大约 35 万件。这种增长有多种因素在起作用，包括自 CAFC 创立以来专利保护的价值增加和可授予专利的范围扩展到明确包括生物技术、软件和商业方法领域。也有一些证据表明，申请率的增加标志着根本的创新率的实际广泛的增加。[213]但是，这些因素不可能解释在 12 年中超过 100%的增长率。对审查过程进行改造以使申请人知道那些无意义的申请会被否决将有可能使申请减少到每年 25 万件左右，这将使当前的申请减少约三分之一，与 1998 年的申请数量相当。这意味着使每件申请的审查人员的努力翻倍的举措可能只需使审查人员资源增加三分之一。（对 25 万件申请付出双倍努力将相当于保持当前努力水平下审理 50 万件申请，这大致比当前的努力增加三分之一。）

无论数量可能是多少，重要的原则是，过去 10 年中审查标准的放松已经产生出一个恶性循环，这对发明者和专利商标局来说都不是一件好事。这种恶性循环必须得到逆转。它将耗费时
186 间，因为潜在的申请者不会立即改变他们的行为。但是专利商标局必须采取真正的改革以打破这种恶性循环，并且试图建立更可靠地阻止无意义申请的良性循环，这种循环将相应更容易集中资源来保持信誉。

残酷的事实

正如在第 6 章中讨论的，专利异议和重新审查事实上并不是新的思想。欧洲国家已经使用专利异议很多年了。[214]国会在 1980 年首次将重新审查引入美国专利系统。但是，这种过程并不允许专利商标局和申请人之外的各方参与到审查程序中，因此错过了利用第三方手中的信息的机会。1992 年，专利法改革咨询委员会建议将重新审查程序扩展到允许外部各方的参与。[215]1999 年，国会将这样的第三方参与作为《美国发明者保护法案》（AIPA）的一部分。

AIPA 中的重新审查并没有成功。正如我们在第 6 章图 6—1 中显示的，实际上在 2002 年只有 156 项专利得到重新审查。而且在这些重新审查的专利中，只有 5 项专利根据允许第三方实质上参与重新审查的新 AIPA 程序进行了重新审查。到目前为止，没有任何专利由于第三方要求的重新审查而被撤销。鉴于初始审查中的一些错误不可避免，甚至专利商标局在当前每年授予的大约 15 万项运作有效和适当的专利中都应该对多于 156 项专利进行重新审查。鉴于人们普遍同意许多这样的专利授予是可疑的，被认为公平有效的重新审查过程实施得如此之少，真是令人难以想象。

新程序没有被广泛使用的原因很容易理解：国会在建立重新审查的法规时，忽略了 1992 年委员会提出的一些关键建议。

设计这种过程的压力来自它所产生的激励因素——好的激励 187
因素或坏的激励因素。我们希望这个程序切实可行，并且可吸引外部各方利用他们所拥有的、有关特定专利有效性的真正信息。但是，我们不希望为竞争对手创造出机会使他们能够轻易和蓄意地试图破坏有效的专利。鉴于有效性和无意义性在某种程度上始终是主观因素，所以这两种目标在某种程度上相互冲突。

在通过 AIPA 的过程中，国会错误地确信重新审查不会被滥用来阻止有效的专利。但是它所建立的对专利权人的保护使该程序对即使是拥有挑战专利的有效基础的一方来说，非常缺乏吸引力：

- 如果重新审查导致已授予的专利被撤销，那么申请人可以在法庭上对该决定提出上诉。但是质疑一方却不能对不撤销已授予专利的决定提出上诉。这就在不对称的过程中产生出内在风险。
- 除此之外，如果存在对专利的后续诉讼——例如因为专利权人起诉挑战专利的一方对专利侵权，那么挑战方在法律上被禁止提出他们本可以在重新审查中提出的有关专利有效性的任何证据，即使专利商标局从未考虑过这样的证据。
- 最后，第三方可以提出的试图证明专利无效的证据类型被限制在两个重要的方面。第一，证据必须是专利和其他印刷出版物。对许多最容易引起争议的专利来说，特别是在软件和商业方法领域中的专利，理应证明专利无效的有关“先有技术”存在的证据可能不是专利或其他印刷出版物。第二，这部分法律在2003年被修改之前，对专利有效性的挑战者被禁止展示审查人员在初始审查过程中考虑过的重新审查证据。这意味着当审查人员看到一件先有技术，但没有理解其重要性的时候，重新审查过程是无用的。[216]

188 所以，假设你的竞争对手刚刚获得了一项你认为是虚假的专利，但你所担心的是该专利可能声明覆盖你的一种产品。你可以要求重新审查，但是如果你这样做，你就被束缚在你能够提出的证据上；如果你成功，那么竞争对手可能上诉，但是如果你失败，你不能上诉；而且如果你失败，并且在后来提出诉讼，那么你将被禁止在法官审判该诉讼的过程中使用你可能在重新审查过程中已经使用的证据。十有八九，要求重新审查将不是有吸引力的赌注。你最好是等待，并且在法庭上利用你的机会。

为了给外部各方创造适当的激励因素使他们提出他们所拥有的与有效性有关的信息，重新审查过程应具有下列特点：[217]

1. 各方应该能够提出任何相关的事实证据。

2. 如果专利通过重新审查，那么各方在后续的诉讼中应该只是被禁止使用已经在重新审查中特别提出但被专利商标局拒绝的证据。

3. 重新审查应该由专业“重新审查”组执行。我们不能预期与初始审查人员属同一组的审查人员会对是否可能已经犯了错误持开明的态度。

4. 专利权人和专利权有效性的挑战者都应该有权对专利商标局的决定提出上诉。

这些变革将改变鼓励有效挑战和阻止无意义挑战以有利于更多挑战之间的平衡。这些变革可以防止适当对抗的激励措施刺激过多的挑战。AIPA已经要求专利商标局弄清楚，是否已经出现许多新的专利性问题，否则它不能启动一项审查过程。这样就可以快速低成本地处理真正无意义的挑战。最后，通过适当使用费用和成本转移可改善申请人和潜在挑战者的激励措施，以避免浪费性的诉讼。启动重新审查程序应该需要并不算小数目的费用，
比方说5万美元，开始时由挑战专利的一方支付。如果挑战成 189
功，则专利被撤销，那么初始专利申请人需要向挑战者支付这笔费用加上挑战者的法律费用。相反，如果挑战不成功，那么挑战者应该补偿申请人对专利进行辩护的成本（已经支付了启动该程序的费用）。

对于真正相信一项无效专利对他的业务产生重大威胁的潜在挑战者来说，这笔费用和支付双方成本的风险将不足以成为提出挑战的阻碍。但是，它将阻止只希望在齿轮中扔些沙子的人——他们知道专利最终将可能仍然有效。相反，对知道他们在欺骗审查人员的申请者来说，支付这笔费用加上双方成本的前景可能看起来对仅仅延迟可能出现的撤销专利来说，是一个很高的价格。他们将因此有动机（选择）放弃。另外，了解在道路的终点存在这种昂贵的和无吸引力的前景将会阻止边际申请者最初提出专利申请。[218]

我们已经确定的改革的另一个主要方面是增加专利初始审查的力度。正如在第5章中所讨论的，2002年6月，专利商标局虚张声势地发布了“21世纪战略计划”，意图将它自己改革成“高生产率的、以质量为中心的组织”。该计划包含各种建议，用以改善审查过程的功能性。它也提议增加申请费用，并且要求国会将专利申请收缴的所有费用都划拨给专利商标局，而不是像最近几年这样，财政向专利商标局提供的资金低于其所收缴的收入。

在与专利界讨论之后，对这项计划做了一些更改，其中的一些细节已经提交给国会。其中的一个方面是专利商标局建议将先有技术的寻找外包给私人公司，审查人员只负责在私人公司确认的先有技术的基础上，做出与专利性有关的最终决定。在2002年6月版本的计划中，专利商标局建议要求申请人雇用搜索公司为审查人员准备先有技术评论。这种狐狸为鸡笼雇保镖的方法受
190 到广泛批评，这促使专利商标局对其建议进行修改。甚至在专利商标局负责监督外部搜索公司之后，人们对这种建议仍存在异议。代表审查人员的组织对其提出反对，理由是审查人员不能在没有进行先有技术搜索的情况下最终对作出的专利有效性决定的质量负责。[219]

最终，专利商标局的搜索职能是留在“内部”还是转移到“外部”（打个比方说）并不能决定专利质量是否能提高。在改革该过程以使了解有关给定申请相关技术的其他各方有机会和动机提供这样的知识之前，仍然不会有以节约成本的方式来解决低质量专利的可能。

许多专利界的内部人赞同专利商标局的提议，即它实际上能够保留它收缴的所有费用，并且将这些资源花在审查过程中。[220]但是，专利商标局和它的支持者都未能完全把握审查所需资源、申请费水平和收缴的收入之间的相互作用。无疑，专利商标局需要在审查过程上花费更多的资金，以升级它的技术并且雇用越来越高素质的审查人员。而且对作为专利商标局用户的申请者来说，分担支付这些增加支出的负担是适当的。但是，更高的费用

与真正显著的审查标准改善有可能将会减少申请数量。正如上面讨论的，这是一件好事，因为它将允许专利商标局将它的资源更有效地集中在它所收到的申请上。但是它也意味着，如果这个计划能够真正成功，那么收取的总体收入将不会如专利商标局所期望的那么高。事实上，收入可能很容易下降到支出水平以下。当这样的情况发生时，专利商标局可能会后悔坚持专利商标局的收入和专利商标局的支出之间联系的重要性。

这种讨论描述出当前在专利商标局战略计划的争论中没有看到的一个重要方面。对“收入转移”的争议从根本上来说并没有切中要害。它假设专利商标局收缴的费用水平应该决定它花费的 191
资金金额。但是，这是逆向推断的结果。国会开始时应该算清楚专利商标局做好它的工作需要多少钱。因为需要培训和保留更多更好的审查人员，而且需要升级其信息系统，这个金额可能略高于划拨给专利商标局的资金。这种需求——并不是拨款少于收入的事实——才是专利商标局所获拨款应该增加的原因。现在，对国会来说，采取措施以使专利商标局的运作成本最终由专利权人负担并不是不合理的。这意味着增加的拨款应该与专利商标局的收入相匹配，至少是最终相匹配，但是，它们之间的联系应该是根据所需的拨款来确定收入水平——而不是相反的过程。

当然，向专利商标局提供更多的资金将不会如魔术般地使它更有效率。它也必须解决所存在的管理失败，这种管理失败阻碍着其先前使运作现代化的所有努力。更根本的是，它必须改变它所追求的“劳动生产率”的真正概念。虽然 21 世纪计划发出有关专利审查质量的正确声音，而不仅仅是服务“客户”，但事实仍然没有改变，即专利商标局将其管理目标定义为减少处理专利所用的时间，并且继续根据生产率衡量指标对审查人员进行奖励。这样的指标鼓励授予专利，而不是鼓励只授予有效专利。你所衡量的和你所奖励的将是你的雇员提供的。如果专利商标局严肃对待专利质量，那么它必须彻底改变它的报酬结构，以使审查人员由于拒绝不新颖的发明申请而得到奖励，并且对那些坚持否定不新颖发明的人提供奖励。否则，恶性循环将继续下去，无论花费多少钱都无济于事。

为司法赛场制定标准

打破坏（不适当）的审查和坏（不适当）的专利申请的恶性循环是改革专利授予过程的关键。但是，正如我们已经强调的，失误会始终存在，所以，重要的是法院系统尽可能有效地纠正这
192 些失误，与此同时也允许有效专利的所有者实施专利提供的法律权利。正如我们在第 4 章中讨论的，CAFC 使法律赛场显著偏向专利权人。在本部分，我们讨论我们如何相信这种偏离需要调整，以保护有效专利持有人的权利，与此同时提高坏专利被清除出去的可靠性。

有效性假设

专利局授予的专利有权得到有关其有效性的法律推定这一法律原则使基于可疑专利的实际和受到威胁的侵权诉讼问题极大地恶化了。由于这种有效性假设，质疑已授予专利的任何人都必须用“清晰和令人信服的证据”证明专利无效。正如在第 4 章中讨论的，“清晰和令人信服的证据”的标准并不比刑事案件中必须证明的“超出合理怀疑”的标准更高，但它在有效性争论中使法律赛场偏向支持专利权人。（相比之下，为在其侵权权利请求中胜诉，专利权人必须通过“证据优势”证明侵权，这意味着证据天平偏向专利权人这一边。）鉴于先有技术和显而易见性问题在某种程度上具有内在主观性，所以设置这么高的证据标准使任何人都很难相信他们能够证明专利无效，虽然他们认为他们有很充分的证据，例如，他们在获得专利的发明之前就已经独立开发了他们的技术。

有效性假设的另一个方面是可以用来证明无效性的证据类型

很有限。如果我们试图使陪审团确信，所授予的专利本不应该被授予，那么我们可能希望试图证明审查人员授予专利之前在申请上花费的时间很少，或者该审查人员批准的其他专利后来已经被发现无效。但是这样的证据一般不允许使用的，理论上必须假设 193
在官方政府机构工作的审查人员已经正确地完成了工作。

这些法律规定可以很好地解释为什么许多公司在面临针对它们认为无效的专利提出的侵权诉讼时，仍然撤下侵权产品或支付专利使用费。如果你的一些武器是不可操作的，而且你的对手得到“高墙”的保护，那么斗争可能就没有意义。

与专利伴随的有效性假设有着明确的法定基础[221]，但是，它是行政法更广泛原则的一个例子：在有资格的决策机构面前，已经适当审查的问题应该假设为已经正确决定。从地方分区管理局到美国环境保护局再到联邦贸易委员会，这些决定通常都是在一些类型的公开行政过程之后做出的，在这个过程中，所有利益各方一般来说都有权参与。以这种方式为决策提供一定程度的保护是有其内在逻辑性的。

但是正如我们已经看到的，专利授予的过程与其他行政决策有着根本性的差异。所有利益各方都非常明确地没有被邀请参加到审查过程中。因此，专利法规向授予专利提供的有效性假设从根本上来说，是一种逻辑性很弱的情况。

在概念框架之外，专利商标局目前的实际做法也明显与有效性假设不一致。在法律原则以外，如果每天的观察证明所讨论的假设通常是错的，那么理性的人都不会持有假设。另外，由于合理忽略原则，人们会有一种感觉，即有效性可能永远不是所有专利所具有的合乎逻辑的、可感知的假设。所以，可能看起来合乎逻辑的做法是放弃有效性假设，允许展示审查人员忽视或不称职的证据（如果存在），并且创造出公平的赛场，以使陪审团可以总的来说简单地决定，这些证据是支持受到质疑的专利的有效性的还是相反。

但是，保持有效性假设有一个重要的原因。我们要记住，专

194 利系统的根本目的是为发明者提供一个基础，期待着他们将有机会收回他们在发明和将他们的发明商业化过程中所做的投资。当一个创始公司为此目的到外部去筹集资金时，作为保护该公司技术的基础的专利拥有有效性假设是很重要的。相反，如果有效性问题降低为法律上的抛硬币，那么这将极大地增加不确定性。不确定性是投资的敌人，所以有效性不确定的专利在提供创新开发基础方面可能效率很低。

因此，与撤销有效性假设相反，我们希望改变该系统，以使它实际上成为拥有合理假设的系统。这就是为什么切实可行的重新审查过程如此重要的原因。由于合理忽略原则，认为所有初始审查过程的结果都可以假设是有效的观点永远是不合理的。但是，如果所有各方都有机会根据他们拥有的事实证据要求重新审理，那么这种假设就变得合理。

如果没有人要求对一个给定的专利进行重新审查，那么事实上假设该专利有效是合理的，因为最有可能拥有其无效性证据的各方有动机和机会展示这样的证据。这并不是说从未被要求重新审理的专利证明有效，而是说存在有效性假设是合理的，因为所有这些暗示都与最终希望挑战这样的专利的一方必须满足的证据标准有关。而且如果一项专利被重新审查，并且通过重新审查，那么合理忽略原则就不适用。重新审查要求——在我们的建议中属于成本适度昂贵——与申请人面临这样的要求却不撤销申请的决定相结合，就告诉专利商标局，这是一个重要的申请。我们应该期待专利局在重新审查过程中投入足够的资源以“把事情做好”。另外，虽然这一过程并没有证明专利的有效性，但它足以形成有效性假设的基础。

因此，切实可行的重新审查选项的存在符合担心无效专利的
195 各方和希望获得他们有效专利的全部经济利益的各方的利益。它通过创建一个为第三方提供相关事实和专利商标局投入适当的资源来筛选这些事实，从而创造适当激励因素的平台来帮助前者。也许并不是很明显，但它可帮助真正有效专利的持有人，因为它

可能是“不叫的狗”。如果有效的重新审理程序存在，那么给定案件中没有使用这个程序的事实为克服合理忽略原则提供了逻辑基础（与法律基础不同），而且真正假设该专利是有效的。

陪审团的判决

为侵权诉讼辩护的律师的另一个抱怨是陪审团判决的权利事先就确定了支持专利持有人。这个争论看起来可以分成几个部分。第一个部分是无争议的事实，即专利案件中的证据可能是高科技的，而且普通陪审员很少有能力理解和评估这些证据。表面上，陪审员无资格的影响看起来对被指控的侵权人和专利权人来说不偏不倚。但是，即使影响是中性的，无法真正理解证据的人做出的决策仍然会增加结果的不确定性。这种不确定性是被指控的侵权人选择庭外和解而不是斗争到底的主要因素，即使当时他们认为他们很有优势。

更微妙的是，陪审员对技术证据的不理解可能与（对争议专利的）有效性假设以帮助专利权人和伤害被指控侵权人的方式相互作用。当证据标准是总体来说是提供更好的证据的一方胜诉时，不知所措的陪审员看起来将不会偏袒一方反对另一方。而且，这事实上是证明侵权的标准，即专利权人为了胜诉需要证明的。但是，当一方已经获得了相当高水平的证据，那么陪审员就有可能无法真实理解呈递的证据不是中性的，而是看起来不利于必须获得高标准证据的一方。如果在审理结束时，陪审员简单地被证据所蒙骗，那么最有可能的结果是他们将得出结论，即任何 196
一方都没有提供令人信服的证据。因此，“清晰并且令人信服的证据”标准与陪审团做出的决策相结合，就使专利权人很有可能在有效性问题上胜诉。（这就是为什么大部分专利权人要求陪审团判决的原因。）换句话说，对于没有得到必要培训和教育来理解证据的人群来说，使证据“清晰而且令人信服”是非常困难的。

无论这样会使谁获益，对非律师人员来说，似乎都很难认为所安排的陪审员是专利诉讼中最好的决策者。当然，同行陪审团权利是英美法系奉行的概念。但是，即使专利陪审团确实是同行陪审团，也没有任何实际意义。科学家和工程师陪审团——发明者的实际同行——可能将是一个相对来说合格的决策群体。但是，这当然不是我们所希望发生的事情。如果我们将专利案件留给法官，而不是留给陪审团，那么我们仍然没有科学家。但是，法官会用他们的专业经历来评估许多不同学科的证据，而且必须培养对证据进行分类的一些能力。另外，法官始终有能力任命一名“专家”，即为法庭服务的外部专家，这样的专家可以裁定法官的特殊技术问题。

事实上，CAFC已经对陪审团在专利案件中的作用施加了一些限制。特别地，解释专利权利请求是法官的工作，而不是陪审团的工作。[222]法官一般接收书面和口头证据，而且通常是专家证人的证词，然后向陪审团提出有关权利请求意味着什么的详细指导。因此，当出现侵权问题时——专利权人需要承担提供证据的负担以求胜诉——法官可通过在将侵权问题提交给陪审团之前解释权利请求的技术语言来帮助陪审团。但是，当出现缺乏创新性或显而易见性时——受到指控的侵权方必须证明专利无效，而且必须用清晰的和令人信服的证据证明专利无效——陪审团不会得到这样的帮助。这些判决与权利请求构建相比，内在地缺乏技术性，而且没有显示出任何逻辑性的或实质性的证据表明为什么外行的陪审团是这些问题的适当决策实体。法官将完全可以“解
197 释”授予专利的发明相对于一些其他发明所具有的创新性和非显而易见性，正如法官可以“解释”专利的权利请求一样。专利有效性的最终问题可能仍然要留给陪审团。例如，如果法官裁决所授予的专利相对于其他一些专业发明来说，是显而易见的或不具有创新性的，那么对其他发明在专利申请的时候是否属于先有技术的一部分这个问题可能仍然存在争议。陪审团可能适合对这样的问题做出决定，他们可以基于有关所述发明为人们所知时的证词和文件证据做出判断。

如果专利商标局得到改组，使有效性假设变得适合，而且如果通过不使用陪审团进行创新性和非显而易见性的技术确定可以使用“清晰的和令人信服的证据”证明无效性的责任切实可行，那么专利诉讼将是在任何其他方式都无法解决专利诉讼请求争端时的适当的最后一种诉求手段。专利诉讼仍会存在，它们的代价仍将很昂贵。在技术快速变化的领域中，存在无数相互竞争和相互重叠的权利请求，在谁对什么技术拥有权利方面仍然存在着相当大的不确定性。但是，对几乎任何现代（或者不那么现代）的产品或过程会持续冒着面临侵权诉讼危险的普遍担心将会显著减少。而且当诉讼基于有效性可疑的专利时，被指控的侵权人将会从双方都预计能够对创新性和非显而易见性做出合理的、充分的决定的角度进行协商。这应该会减少（虽然不会消除）这样的激励因素，即无论所宣称的专利的有效性多么可疑，被指控的侵权人都选择支付专利使用费并达成和解而不是采取充满风险的挑战。

软件、基因和其他被指控的专利噩梦

我们已经看到坏（无价值）的专利在许多不同的技术和行业中制造的难题。而且我们已经讨论了由于授予的专利限制并禁止累积和重叠的发明造成的内在难题。在我们看来，上面描述的变化展示了创建鼓励发明的专利系统的最好前景，虽然我们不能幻 198
想任何改革能够产生出一个完美的系统，或者一个以某种方式消除内在折中的系统。

抓住当前专利系统与特定技术或行业有关的机能失调（问题）的一些观察家得出结论认为，在这种特定环境中鼓励发明这一问题的解决依赖于对不同技术加以区分的专利政策。软件、商业方法和诸如基因序列这样的生物技术的某些方面，这些都是法院体系已经将可授予专利的标的物的范围扩大到超出 20 世纪 70

年代末被视为可授予专利的标的物范围的技术。这样的领域后来都引起了人们对专利的主要争论，这些领域的专利或者显得无效，或者范围过大，或者二者兼有，从而导致人们认为，专利系统在这些领域中是在阻碍而不是鼓励发明。因此，许多建议认为，这些领域中的发明不应被授予专利，或者如果专利保护仍然有效，那么需要对这些技术采取拥有不同规定和程序的专利制度。

我们相信，试图调整专利系统使其适应不同的技术是一个错误。在这些领域中被发现的主要问题本质上是专利系统作为整体出现的更广泛问题的表现形式。因此，最佳解决方案是将该系统作为一个整体进行处理。另外，虽然理论上的证据可能支持在不同的技术领域“调整”专利保护的属性，以反映出不同技术的属性，但是为这样的调整敞开大门可能会很快导致不符合公众利益的特殊抗辩。为了理解这些证据，我们相应考虑被认为最重要的三个问题领域：商业方法、软件和生物技术。

滑稽的商业方法

我们在第 4 章中讨论了 CAFC 取消向商业方法授予专利的长
199 期禁令，而且我们已经讨论了这种新技术形式的一些愚蠢表现，例如亚马逊的“单击”专利。欧洲专利局不允许对商业方法申请专利，而且一些人认为，创造出一个新的商业方法从本质上来说并不是一项“发明”活动，因此，不应该成为专利的基础。在“单击”专利引发争议之后，亚马逊公司的杰夫·贝佐斯（Jeff Bezos）建议软件和商业方法的专利寿命应该从标准的 20 年减少为 3～5 年。

很明显，专利商标局在检验申请的商业专利是否存在先有技术时做了灾难性的坏工作，而且这实际上并不令人惊奇。专利审查人员发现最早的先有技术是先前已授予的专利。除了旧的专利，他们能够寻找和识别以其他出版物形式显示的先有技术，如学术出版物。但是在商业方法领域，大部分先有技术并不是以专利形式存在；事实上，它也不可能以专利形式存在，因为直到最近，人们仍然认为商业方法不能授予专利。而且先有技术通常没有公布/发表，至少不是在专利商标局习惯查阅的出版物上公布/发表。商业方法的先有技术是每天大大小小的企业实践。对专利商标局来说很难发现这些方法，而且它在做这类工作时表现很差。

然而，这个问题的解决方案并不是废除商业方法专利，而是改变审查过程的结构，这样就可以向那些有相关先有技术知识的各方提供机会和动机提出这样的知识。正如上面介绍的，单击专利在适当设计的重新审查过程中不可能通过。

对新商业方法实际上不是发明的争论充其量不过是不相干的语义学问题，而且在最坏的情况下，是一种与技术的一般性发展过程不一致的技术势力。在发明新型机器的“工人”与提出新的库存管理方法的商业预言家之间的本质区别是什么呢？在两种情况下，发明可能使任何有意义的“科学”受益，也可能使任何有意义的“科学”无法受益。说一种发明是技术，而另一种发明不是技术是毫无道理的。从政策的角度来说，真正的问题是专利保护提供的激励因素是否有必要提交该发明的申请，和/或使其得 200
到充分保护以证明在想出奇方妙法并将原始思想发展成切实可行的商业产品和过程所需的投资是合理的。一个人可以提出只需很少的开发投资的新商业方法的各种例子，但其他领域的发明也同样如此。作为一种一般性命题，重要的新商业方法不应该与其他形式的创新有所不同：它们通常需要在开发中投入大量的时间和资金。专利以外的方法（例如商业秘密）有时可以用来保护这些投资。但是也存在这样的情况，在缺少专利保护时，模仿的风险将严重损害研发动机。

总之，商业专利的问题是许多显而易见的发明获得了专利，而这样的专利本不应该被授予。如果你除去这些无效的专利，那么没有任何证据表明商业方法专利问题过度限制了日常的商业创新。在正确的程序中，商业方法专利的数量可能很少，因为这个领域存在许多先有技术，人们必须证明其新颖性和非显而易见性。但是，没有根本性的理由可以解释，为什么真正提出新颖的和非显而易见的商业方法的企业家所需要的专利保护比试图制作出许多舒适的高跟鞋或蜂窝电话使用无线电频谱的新方法的企业家所需要的专利保护少。

软件："开放资源"的开放和封闭案例?

与商业方法专利争议密切相关的是在软件专利授予方面存在着大量的不愉快的情况。与商业方法一样，这是一个许多先有技术并不是以专利方式存在，通常也不是以在公开出版物上发表的方式存在，而是以实践方式存在的领域。专利商标局再次在用这种未发表先有技术标准检验软件专利的申请方面表现很差，结果是对洪水般的并不新颖的软件概念授予专利。

201 使事情更糟糕的是，在 CAFC 的明确指导下，专利商标局也似乎已经减少或取消了专利申请要用充分的详细信息描述新发明以使有相关技术的人能够复制这项发明的要求。[223]这种对"实现"要求的显著弱化看起来已经导致这样的情形，即可以凭借能够用软件执行的思想获得专利，而专利申请人不需要做任何事情来实现这样的思想。[224]结果是在许多不同的软件思想上出现大量的专利申请。原则上，这样的专利的获得者有权阻止其他人实现该专利所覆盖的软件思想，尽管存在这样的事实，即这些专利获得者永远不会实现，或者甚至描述实现思想本身。

这些问题的解决方案看起来并不是软件（专利领域）所特有的。专利商标局应该只对具有创新性的、非显而易见性的软件开发授予专利，而且应该要求申请者详细描述所覆盖的软件，以使该专利只授予那些已经创造出产品的人，而不是授予那些仅仅思考创造产品的人。有关荒谬软件专利的令人极端厌恶的故事与PB&J、亚马逊单击专利和其他灾难没有什么区别。[225]

有些人可能会更进一步，认为专利从根本上来说，不适用于软件。[226]这种争论有两个相关部分。第一个部分是直观地观察，软件创新在 20 世纪 80 年代以前繁荣起来，当时 CAFC 阐明并扩大了软件的可申请专利范围。更一般地说，人们认为软件开发就其本质来说，是积累性的，所以一名开发人员的贡献不足以被授予专利权，而且试图这样做也是起反作用的，因为这将阻碍后续开发。这些思想体现在已经出现的所谓的“开放资源”和“免费软件”运动中，这些运动反对软件专利。这些运动中更为激进的成员认为，所有软件都属于大众范畴，所有人在认为适合的时候都应该可以使用和修改它们。[227]

确定无疑的是，在软件专利广泛使用之前，就已经存在软件 202
创新。与所有其他技术一样，软件开发在没有专利保护的情况下，不可能慢慢停下来。而且软件创新也真正是一个高度积累的过程。但是，事实是，实际上所有创新都是高度积累的过程，而且专利系统很久以前就已经开始与折中方案做斗争。[228]相关问题是：总体来说，适当管理的软件专利体制能通过为做出真正突破的各方提供保护措施以减少使这样的开发商业化面临的风险来促进创新吗？与商业方法一样，我们没有对这样的系统进行检验，因为专利商标局没有执行创新性、非显而易见性和可实现性的要求。

如果整体专利系统如我们所建议的那样进行改革，那么能被授予专利的唯一软件是那些真正代表非显而易见发展步骤，而且其详细列出的功能可执行的软件。这种类型的专利授予不会阻止那些希望在开放资源模式中工作的人，而且也不会阻止开放资源倡导者讨论他们的事情和试图提醒计算机用户不要购买获得专利的软件。也许开放资源开发的优势已经足以使许多或大部分软件开发人员选择放弃专利并且在开放资源模式下工作。如果专利商标局适当做好它们的工作，那么开放资源倡导者或其他编程人员免费开发和发布的任何软件本身都不能被授予专利，因为没有人可以声称已经创造出创新性的软件。所以正常发挥作用的专利系统与生机勃勃的开放资源软件运动并不是不相容的。开放资源软件——更一般地说软件创新——的真正敌人是极为恶劣的软件专利的执行，而不是专利这一概念。真正的问题是拥有真正软件新发明的编程人员是否应该选择申请专利，而不是使其成为开放资源。对于为什么这样的选择不是由创新者决定，而是由整个行业作为法律或政策事宜决定的，没有人提出令人信服的论据。

仅凭道德能控制人类基因组吗?

203 CAFC扩大专利申请范围的最后一个重要领域是生物技术。人们仍然非常关注以下专利的授予，即与先前开发相比显而易见的专利以及所授予的广泛权利似乎覆盖了许多不同可能用途的专利。与软件和商业方法一样，解决方案在于严格执行管理显而易见性和创新性的基本法规。

正如在第2章中提及的，人们对生物技术的另一个关注是对研究工具授予专利。对需要为将给定产品投放到市场所需的多种不同研究工具支付专利使用费的担心正在阻碍或将会阻碍发明过程。但是，我们必须谨慎地将不好的专利与专利不好的断言区分开来。如果只有具有创新性的、非显而易见的发明被授予专利，那么研究人员将必须为使用真正由专利所有者发明的研究工具向别人支付专利使用费。引起争论的是，在专利商标局做好它的工作的情况下，如果获得专利的研究人员没有开发其获得专利的研究工具，那么这种获得专利的研究工具可能本来就不会被利用。在这样的情况下，支付专利使用费看起来并不是不合理的。

一项专利的“尺寸”真的能适合所有情况吗?

之前的讨论蕴涵着一个至关重要的问题，即我们是否应该拥有一套管理所有发明的专利规则，能否通过为不同技术的特定属性制定专利规定来使该系统更有效率。从理论上对专利进行分析时，我们很容易认为，专利保护的属性应该根据技术特性加以变化。因此，不同的专利有着基本的理论情形，而且甚至允许对一些技术而不是另一些技术授予专利。但是，使用该理论作为政策基础的问题是，可以为不同专利处理提供基础的技术特点通常很抽象，而且难以从经验上量化。例如，我们很容易将积累性创新看做是一种理论现象，但是我们非常难以具体说出与其他部门相比，发明在某个部门的积累性是大一点还是小一点。所以，虽然 204
不统一的系统有一定的理论基础，但是具体说出专利处理在特定技术领域间的差异并没有理论或经验基础。

实际上，人们也强烈质疑不同的处理。简单地说，不同的处理很难执行，因为一旦一个特定类别的专利权人得到的处理不同于其他人，那么对人们来说，不可避免的趋势是，将他们自己定位在可得到最有利的处理的地方。我们可见到的一个例子是，专利商标局试图以先有技术很难识别为由，通过制定对所有商业方法专利的特别内部审查来缓解人们对商业方法专利的愤怒。[229]在实施过程中，属于某些特定专利类别的专利被审查两次，试图确保没有遗漏非传统的先有技术。结果是，属于目标类别的申请减少，但与更广泛定义的商业方法有关的申请持续增加。这强有力地表明，申请人会尽力将他们的专利划归作为特定（更严格）处理目标的类别之外。因此，无论意图有多好，专利商标局的努力都不可能解决向无效商业方法授予专利的更广泛问题。

总的来说，目前的假设是每一个人都得到相同的专利处理。[230]没有这种假设，特殊行业就会施加巨大的压力以在“他们的”专利中得到他们所希望得到的特点。当然，对这些优先权的争论将始终在公共利益术语中存在，但是当行业游说集团开始讨论公众利益时，我们都知道，这是看管好消费者钱包的时候了。

甚至在当前系统中，一般性假设是统一的，但仍然存在进行
特殊处理的压力。这些压力在制药行业特别尖锐，当国会通过 205
《药品价格竞争和专利期恢复法案》（Hatch-Waxman Act）时，国会为这样的博弈打开了大门，该法案允许专利商标局延长管理审查过程时间过长的药物的专利保护期限。[231]近年来，国会推出许多法案以延长特定药物的专利寿命，例如抗过敏药物氯雷他定(Claritin)。[232]在 2002 年秋天，保护制药商——共和党选举的大捐款人——礼来公司生产的疫苗的条款在最后一分钟插入到总统

布什的国内安全立法中。虽然参议院多数党领袖田纳西州的比尔·弗里斯特（Bill Frist）先前已经推动通过这样的条款，但他拒绝将其插入到国内安全法案中。尽管事实上没有人——无论是国会山还是白宫——愿意批准将它加入到该法案的最终版本中，但该条款仍然成为了法律。[233]这种类型的诡计在普遍认为应该对不同技术授予不同专利的世界中，可能会变得更加糟糕。

所以，通过为这些技术提供特殊的不同专利处理的把戏来试图处理被视为与特定领域中的专利有关的问题的做法存在严重的危险性。而且在商业方法、软件和生物技术中，由于这些技术的独特性质产生的问题证明这样的危险是不合理的。相反，专利商标局在这些技术方面的相对缺少经验与这些技术对经济的关键重要性相结合，已经使系统中出现的更广泛的、更根本的问题变得最为明显。解决这些领域中专利授予方面的问题至关重要——但是更一般地说，我们所要做的是解决专利系统本身的问题。

少些友善、少些温和的专利系统

所以，我们不希望这样的危机发展成荷兰专利危机。我们不能废除专利——我们甚至不能削弱被适当授予的专利有效性的根本假设。我们需要做的事情是，在这些专利被用来限制竞争对手的商业活动之前，确保专利已经得到适当的详细审查以保证其有
206 效性。同时，我们需要接受下面的事实，即专利商标局仍然会有失误，这样我们就能够以均衡的方式创造出处理这些失误的司法系统。在没有不切实际地增加专利局资源的情况下实现这样的目标需要对该系统进行显著改进。我们应该谨慎调整改进措施，使其转为激励措施，以使私人各方有动机和机会充分运用所拥有的信息，同时限制采取行动把工作搞糟的动机和机会。

我们提议整顿的关键方面包括：

- 专利局向审查过程投入更多的资源，而且有效地使用这些资源以使专利商标局的正常运作走向 21 世纪；
- 专利授予前异议机制，在这样的机制中，外部各方在专利被授予之前可以向审查人员提供有关先有技术的信息；
- 对已授予专利有效性重新审查的机制，真正有机会在无偏见的重新审查人员面前证明有争议的专利无效，而且有适当的动机阻止对重新审查的无意义要求；
- 扩大法官职权范围或者特别任命主审官解决创新性和非显而易见性的技术问题。

作为一揽子计划，这些改革可激励私人各方以有效的方式提供信息。而且他们尊重合理忽略原则，当利益变得更大时，采取的一系列调查也更严格（因此，调查的成本也更高昂）。大部分专利将继续受到相对粗略的审查，然后被遗忘。越重要的专利申请将受到越严格的审查，而且我们可以推定，在重要的申请中所犯的错误因此会更少。对于真正重要，而且专利商标局仍然犯错误的少量案件来说，法院将提供平衡的、合理可靠的有关专利有效性的最终裁判。因此，日益威胁到整个创新系统的不确定性和专利欺诈将减少。

经济学家通常被认为对专利系统怀有敌意。我们并不认为我们自己反对专利。我们只是反对坏专利，而且反对阻止人们挑战坏专利的法庭系统所造成的欺诈。我们希望拥有一个可以假设有效的专利系统，因为有效的专利系统对创新的持续健康发展来说至关重要，因此对经济增长和繁荣来说也是至关重要的。

注 释

[1] "Smucker Protects Peanut Butter-Jelly Sandwich Patent," *Reuters News Service*, (January 25, 2001).

[2] 除最后两项外，这些标准在美国法典第35部分的第101节中介绍。最后两个标准与两种特别类型的专利有关，称作工厂和设计专利，这些专利有它们自己的特殊规定。这些（后两项专利的授予）只占每年授予专利的非常微小的部分，所以我们并没有花费时间对它们进行讨论。

[3] 这个过程很复杂，因为申请人常常撤回申请，并且提出实际上是先前申请的延续的"新"申请。这使得很难精确确定最终被授予

专利的初始申请的比例。参看 Cecil Quillen, Ogden Wester, and Richard Eichmann, "Continuing Patent Applications and Performance of the U. S. Patent and Trademark Office—Extended," *Federal Circuit Bar Journal*, Vol. 12, No. 1 (2002), 35－55; V. S. Patent and Trademark Office, "Comments on 'The Effects of Continuing Patent Applications'"。

[4] 我们将在第 7 章中对这个问题进行更详细的讨论。

[5] 美国专利号 6004596，1999 年 12 月 21 日。

[6] 专利号分别为 5443036 和 6368227。专利商标局在向一个提交专利申请时只有五岁的孩子授予专利的事情吸引了相当多的媒体关注之后，已经命令对最后的专利进行重新审查。（孩子的父亲是专利律师。）

[7] 这一段基于包括高通网站在内的各种新闻稿；它可以在美国证券交易委员会的文件以及各种新闻稿查看到，例如 Peggy Albright, "Qualcomm Beats Patent Challenges," *Wireless Week*, (Feburary 25, 2002), 14。

[8] 这一段的信息来自生物基因公司在美国证券交易委员会的文件；各种分析师报告；公司网站上的历史材料；以及与公司主管的讨论。

[9] Michael Kremer, "Creating Markets for New Vaccines: Part I, Rationale" and "Creating Markets for New Vaccines: Part II, Design Issues," *Innovation Policy and the Economy*, 1 (2000), 35－118.

[10] "Report and Minutes of Evidence Taken Before the Select Committee of the House of Lords Appointed to Consider of the Bills for the Amendment of the Law Touching Letters Patent for Inventions with Appendix and Index," *Parliamentary Papers* 1851 (486) XVIII, 1851. 在这篇文章中深入讨论了英国发明奖励的历史。

[11] Joseph A. DiMasi, Ronald W. Hansen, and Henry

G. Grabowski，“The Price of Innovation：New Estimates of Drug Development Costs，” *Journal of Health Economics*，22（2003），151—185.

［12］“PhRMA Industry Profile，” Pharmaceutical Research and Manufacturers of America，http：//www.phrma.org/publications/publications/profile02/index.cfm.（上次访问时间：2004年1月2日。）

［13］这段评论来自 Ira Flatow，*They All Laughed...From Light Bulbs to Lasers：The Fascinating Stories Behind the Great Inventions that have Changed Our Lives*，New York：Harper Collins，1992，chapter 11。

［14］正如在第3章中讨论的，20世纪70年代初期是政府当局审查力度最大的一个时期，政府对利用专利建立广泛的市场统治地位的商业战略实施管制。

［15］Windows也通过专利权加以保护，虽然这种保护很大程度上只保护软件代码本身，并没有保护程序的思想。

［16］见 Richard Schmalensee，“Advertising and Entry Deterence：An Exploratory Model，” *Journal of Political Economy*，90（1983），636—653。另外，“学习曲线”效应可以给最初的生产商带来显著的价格优势。（参看 Kenneth J. Arrow，“Economic Welfare and the Allocation of Research for Invention，” in Richard R. Nelson，editor，*The Rate and Direction of Inventive Activity：Economic and Social Factors*，Princeton：Princeton University Press，1962，609—625。）

［17］*Edison Elec. Light Co. v. United States Elec. Lighting Co.*，47 F.454（C.C.S.D.N.Y.1891）.

［18］参看 Arthur Bright，*The Electric-Lamp Industry：Technological Change and Economic Development From 1800 to 1947*，New York：Macmillan，1949。

［19］参看 *Wright Co. v. Herring-Curtiss Co.*，204 F.597，

614 (W. D. N. Y. 1913); George Bittlingmayer, "Property Rights, Progress, and the Aircraft Patent Agreement," *Journal of Law and Economics*, 31 (1988), 227—248。

[20] 请参看 Suzanne Scotchmer, "Standing on the Shoulders of Giants: Cumulative Research and the Patent Law," *Journal of Economic Perspectives*, 5 (1991), 29—41。

[21] 有关专利诉讼趋势的详细研究，参看 Jean O. Lanjouw and Mark Schankermann, "Enforcing Intellectual Property Rights," STICERD, LSE Economics of Industry Group Discussion Paper: EI/30, 2001。

[22] 参看 Federal Trade Commission, *Report of the U. S. Federal Trade Commission on the Radio Industry in Response to House Resolution 548*, Washington: Government Printing Office, 1924。

[23] 本部分基于与 HBN 鞋业管理层和其他行业观察家的会谈。

[24] 估算的专利使用费来自 Kevin G. Rivette and David Kline, "Discovering New Value in Intellectual Property," *Harvard Business Review*, 78 (January-February 2000), 54—66。得州仪器 1999 年利润的计算基于得州仪器 2000 年 3 月 3 日的委托申请。

[25] Kevin G. Rivette and David Kline, *Rembrandts in the Attic: Unlocking the Hidden Value of Patents*, Boston: Harvard Business School Press, 2000.

[26] 有关这个案件的叙述，参看 *British Telecommunications PLC v. Prodigy Communications Corp.*, 189 F. Supp. 2d 101 (S. N. N. Y. 2002) and 217 F. Supp. 2d 399 (S. N. N. Y. 2002); Brenda Sandburg, "Closely Watched Hypertext Patent Case Dismissed," *Legal Intelligencer*, 226 (August 26, 2003), 4ff.; 以及许多其他新闻报道。

［27］*British Telecommunications PLC v. Prodigy Communications*, United States District Courts, Southern District Court of New York, Memorandum and Order Granting Summary Judgment (August 22, 2002).

［28］参看 Bronwyn Hall and Rosemarie H. Ziedonis, "The Patent Paradox Revisited: Determinants of Patenting in the US Semiconductor Industry," *Rand Journal of Economics*, 32 (2001), 101—128。

［29］标准制定机构通常会对许可证交易设定指导原则（例如，要求成员在"合理和无歧视条款"下获得相关技术的许可证），但是，通常这些机构并没有参与执行这些规定。相反，它们将依赖反托拉斯的主管机构和私人各方通过诉讼执行这些规定。有关标准制定机构中知识产权引起的问题的介绍，参看 Mark A. Lemley, "Intellectual Property Rights and Standard-Setting Organizations," *California Law Review*, 90 (2002), 1889—1980。

［30］参看 Federal Trade Commission, "Analysis of Proposed Consent Order to Aid Public Comment," http://www.ftc.gov/os/1998/9808/d09286ana.htm。（上次访问时间：2004 年 1 月 2 日。）

［31］*In the Matter of Summit Technology Inc. and VISX Inc.*, Complaint filed March 24, 1998, Docket No. 9286, U. S. Federal Trade Commission.

［32］此处的讨论基于 *Sandisk Corp. v. Lexar Media, Inc.*, 91 F. Supp. 2d 1327 (S. D. Cal. 2000); *Lexar Media, Inc. v. Sandisk Corp*, U. S. District Court of Delaware, Docket No. 00—CV—817, especially "Complaint," September 7, 2000, "Answer," September 27, 2000, and "Stipulated Dismissal with Prejudice," November 27, 2000; and a wide variety of press releases and news stories, including Steven Fyffe, "The Flash Menace: The Saga Continues," *Electronic News*, 46 (November 13,

2000), 44ff。

[33] Rebecca Eisenberg, "Bargaining Over the Transfer of Proprietary Research Tools: Is This Market Failing or Emerging?," in Rochelle Dreyfus, Diane L. Zimmerman, and Harry First, editors, *Expanding the Boundaries of Intellectual Property: Innovation Policy for the Knowledge Society*, Oxford: Oxford University Press, 2001, 223 — 250. See also Kimberly Blanton, "Patent 5, 693, 473," *Boston Globe Magazine* (Feburary 24, 2002), 10—15, 20—28.

[34] *John M. J. Madey v. Duke University* No. 1: 97CV1170, slip op. (M. D. N. C. 2001 — 7 — 15); 307 F. 3d 1351 (Fed. Cir. 2002).

[35] Duke University v. Madey, 123 S. Ct. 2639 (2003).

[36] American Intellectual Property Law Association, *Report of Economic Survey 2001*, Arlington, Virginia, AIPLA, 2001. 根据248项应诉，中间成本估计为300万美元；25%的应诉为170万美元，75%的应诉估计为450万美元。

[37] 同上。根据242项应诉，对于赌注在100万美元以下的案件，中间成本估计为49.9万美元，25%估计为30.1万美元，75%估计为75万美元。

[38] *Rambus Inc.*, *v. Infineon Technologies*, 318 F. 3d 1081 (Fed. Cir. 2003); *Rambus*, *Inc. v. Infineon Technologies AG*, *et al.*, District Court for the Eastern District of Virginia, Memorandom Opinion of Judge Robert E. Payne on Infineon's Request for, Attorneys' Fees and Costs.

[39] *Rambus*, *Inc. v. Infineon Technologies AG*, *et al.*, District Court for the Eastern District of Virginia, Memorandom Opinion of Judge Robert E. Payne on Infineon's Request for, Attorneys' Fees and Costs.

[40] Dan Johnson and David Popp, "The Effects of the Timing

of Patent Revelation on Innovation," unpublished working paper, Wellesley College and Syracuse University, 2003.

[41] 参看 *Rambus, Inc. v. Infineon Technologies AG, et al.*, Memorandom Opinion of District Judge Payne, cited above, and also dissenting opinion of Judge Prost, United States Court of Appeals for the Federal Circuit, 01—1449, —1583, —1604, —1641, 02—1174, —1192, (January 29, 2003)。

[42] *Rambus, Inc. v. Infineon Technologies AG, et al.*, No. 3: 00CV524, slip op. (E. D. Va. 2001—5—2).

[43] 法官裁定，Infineon 已经证实了 710 万美元的律师费和相关费用，而且专家费用超过 90 万美元。

[44] *Rambus, Inc. v. Infineon Technologies AG, et al.*, 318 F. 3J 1081 (Fed. Cir. 2003).

[45] Gretchen Hyman, "Industry Takes Sides in Rambus v. Infineon," www. internetnews. com/infra/article. php/2108831 (上次访问时间：2004 年 1 月 2 日); *Infineon Technologies AG v. Rambus, Inc.*, 124 S. Ct. 227 (2003).

[46] 此处叙述基于各种来源，最重要的是 *Albie's Foods. Inc. v. Menusaver, Inc.*, 2001 U. S. Dist. LEXIS 21411 (E. D. Mich. 2001); 170 F. Supp. 2d 736 (E. D. mich. 2001); the filings in this and in the companion Ohio case (*J. M. Smucker Co. v. Alvie's Food, Inc.*, Northern District of Ohio, Docket No. 5—01—01182—DAP)。

[47] *Amazon. com, Inc., v. barnesandmoble. com, Inc.*, 239 F. 3d 1343 (Fed. Cir. 2001).

[48] 正如我们将在第 7 章中讨论的，当以一种狭义的方式——在美国专利类别号 705 中的应用——来看时，商业方法专利申请的数量在 2002 年下降。正如我们所注意到的，这可能是申请人"采取对策"以避免与该类别中专利的专利申请处理有关的异常详细审查和长期延迟的结果。

[49] 原文引证来自于 J. E. T. Rogers，“On the Rationale and Working of the Patent Laws,” *Journal of the Statistical Society of London*，26 (1863)，127。

[50] Fritz Machlup and Edith T. Penrose，“The Patent Controversy in the Nineteenth Century,” *Journal of Economic History*，10 (1950)，1—29.

[51] 参看 Erich Jayfer，The *Economics of the Patent System*，Fundamentals of Pure and Applied Economics，Vol. 30，Chur，Switzerland，New York：Harwood Academic Publishers，1989，Chapter 1；and Guicio Mandich，“Venetian Patents (1450—1550),” *Journal of the Patent Office Society*，30 (1948)，166—223。

[52] 这段评论是基于 Klaus Boehm and Aubrey Silberston，*The British Patent System*：*I. Administration*，Cambridge：Cambridge University Press，1976；Harold Fox，*Patents and Monopolies*，Toronto：University of Toronto Press，1947；以及 Christine MacLeod，*Inventing the Industrial Revolution*：*The English Patent System*，1660—1800，Cambridge：Cambridge University Press，1988。

[53] *Darcy v. Allin*，74 Eng. Rep. 1131，1139 (1602).

[54] 21 James I，ch. 3，§6 (1623).

[55] 同上。

[56] 这段评论是基于 H. I. Dutton，*The Patent System and Inventive Activity During the Industrial Revolution*，1750—1852，Manchester：Manchester University Press，1984；Boehm and Silberston，注释 [52]；以及 MacLeod，注释 [52]。

[57] John Harrison 的故事可以在 W. S. Laycock，*The Lost Science of John “Longitude” Harrison*，Ashford，United Kingdom：Brian Wright Associates，1976；以及 Dava Sobel，*Longitude*：*The True Story of a lone Genius who Solved the Greatest Scientific Problem of His Day*，New York：Penguin Books，

1995 中找到。

[58] 关于反专利运动的一般性讨论基于注释 [50]，以及 Edith T. Penrose，*The Economics of the International Patent System*，Baltimore：Johns Hopkins University Press，1951。

[59] July 26，1851，812. 这个引证来自于注释 [50] 中的 Machlup and Penrose，p. 19。

[60] John Stuart Mill，*Principles of Political Economy*，London：Longsmans，Green & Co.，1909，book V，Chapter x，932（1848 年首次发行）。

[61] G. Doorman，"Patent Law in the Netherlands，" *Journal of the Patent Office Society*，30（1948），225—241 和 258—271. 引文在 238 页。

[62] 关于荷兰的专利形势是基于注释 [61]，与 Eric Schiff，*Industrialization Without National Patents*，Princeton：Princeton University Press，1971。

[63] 对于证据的仔细权衡，参看 Schiff 的讨论，同上。

[64] 这些编辑基于 Josh Lerner，"150 Years of Patent Protection，" *American Economic Review Papers and Proceedings*，92（May 2002），221—225；and Josh Lerner，"150Years of Patent Office Practice，" National Bureau of Economic Research Working Paper No. 7478。专利审查政策的变化包括：对于重点级技术的专利保护、专利保护的时限、个体将他们的专利投入实际使用必须耗费的时间，以及在专利保护成本方面的主要变化。

[65] *E. Bement & Sons v. National Harrow Company*，186 U. S. 70，91（1902）.

[66] 此原则载入美国法典的 28 U. S. C. § 1338（a）中。

[67] Rochelle C. Dreyfus，"The Federal Circuit：A Case Study in Specialized Courts，" *New York University Law Review*，64（1989），1—77.

[68] 此信息的来源是 Gloria K. Koening，*Patent Invalidity*：

A Statistical and Substantive Analysis, New York: Clark Boardman, 1980。这些比较基于1 447个案例，并且统计的误差幅度相对于观察误差是非常小的。在研究的年份内，巡回法院之间始终保持较大的差异性。

[69] 例如，在对1953年到1978年之间所有级别的联邦司法系统的专利案件进行整理的过程中，Gloria Koenig也只能识别出最高法院对专利有效性问题的四项裁决。参看注释[68]，4—17。

[70] Bob Woodward and Scott Armstrong, *The Brethren: Inside the Supreme Court*, New York: Simon and Schuster, 1979. The case in question was *Sakraida v. Ag Pro, Inc.*, 426 U. S. 955 (1976).

[71] David E. Wigley, "Evolution of the Concept of Non-Obviousness of the Novel Invention: From a Flash of Genius to the Trilogy," *Arizona Law Review*, 42 (2000), 581—606. 参看596和597页的讨论。

[72] U. S. Congress, Committee on the Judiciary, Subcommittee on Improvements in Judicial Machinery, *Federal Courts Improvement Act of 1979: Hearings on S. 677 and S. 678*, Washington: Government Printing Office, 1979.

[73] 法院还负责很多其他事务，例如与商标有关的案件和美国在人事或其他诉讼中成为被告的案件。

[74] Advisory Committee on Industrial Innovation, U. S. Department of Commerce, *Final Report*, Washington: U. S. Government Printing Office, 1979, 152.

[75] 参看Daniel J. Meador, "Origin of the Federal Circuit: A Personal Account," *American University Law Review*, 51 (1992), 581—620。

[76] "Oldest Active Federal Judge Dies," *The Third Branch*, 31 (July 1999), http: // www. uscourts. gov/ttb/jul99ttb/oldest. html (上次访问时间：2003年12月24日)。

［77］Helen W. Nies，“Celebrating the Tenth Anniversary of the United States Court of Appeals for the Federal Circuit，” *George Mason University Law Review*，14（1992），505—512.

［78］Margaret M. Conway，*Single Court of Patent Appeals-A Legislative History*，Study No. 20，Subcommittee on Patents，Trademarks and Copyrights，Committee on the Judiciary，U. S. Senate，85th Congress，2nd Session，Washington：U. S. Government Printing Office，1959.

［79］Simon Rifkin，“A Specialized Court for Patent Litigation? The Danger of a Specialized Judiciary，” *American Bar Association Journal*，37（1951），425—426. 引证在 425 页。

［80］Richard Posner，“Will the Federal Court of Appeals Survive Until 1984? An Essay on Delegation and Specialization of the Judicial Function，” *Southern California Law Review*，56（1983），761—791.

［81］Felix Frankfurter and James M. Landis，*The Business of the Supreme Court*，New York：Macmillan，1928.

［82］这些统计数据的收集来自于注释［68］的 Keoning and Robert P. Merges，Patent Law and Plicy：Cases and Materials，Charlottesville，Virginia：Michie Company，1992。

［83］这些数据的编撰来自于 P. J. Federico，“Adjudicated Patents，1948—1954，” *Jornal of the Patent Office Society*，38（1956），233—249；Koeing，注释［68］；以及 Donald R. Dunner，J. Michael Jakes and Jeffrey D. Karceki，“A Statistical Look at the Federal Circuit's Patent Decisions：1982—1994，” *The Federal Circuit Bar Journal*，5（Summer 1995），151—180。这些研究没有考虑 1979 年到 1981 年的情况。

［84］图 4—3 根据注释［68］中 Koenig 以及 Kimberly Moore 提供的信息整理，这些数据最早出现在文章“Judges，Juries，and Patent Cases—An Empirical Peek Inside the Black Box ”，*Mechigan*

Law Review, 99 (2000), 365—408，并且基于她对诉讼文件的分析。

［85］特别地，在诸如 *Latria Corp. v. Cambridge Wire Cloth Co.*, 785 F. 2d 292 (Fed. Cir. 1986) 的裁决中，CAFC 已经明确表示，侵权人理当支付从侵权日开始到判决该公司侵权之日结束的赔偿金的利息。

［86］*Del Mar Avionics v. Quinton Instrument Co.*, 836 F. 2d 1320 (Fed. Cir. 1987).

［87］例如，参看 *State Industries, Inc. v. Mor-Flo Industries, Inc.*, 883F. 2d 1573 (Fed. Cir. 1989)。

［88］先前，临时禁令只在判决"毫无疑问"时才被批准：例如，当专利已经在法院证明有效，而且已经在行业中被广泛接受时。有关 CAFC 在此项事宜上做出的有创意的裁决，参看 *Atlas Powder Co. v. Ireco Chemicals*, 773 F. 2d 1230 (Fed. Cir. 1985)。

［89］例如，参看 Rovert L. Harmon, "Injunctive relief against an infringer is the norm「in decisions by the CAFC」" (*Patents and the Federal Circuit*, 5th edition, Washington: Bureau of National Affairs, 2001, 767)。通常，CAFC 将制定语言精确的禁令的工作留给了地区法院。

［90］关于这些领域的代表性案例，参看 *Roche Products v. Bolar Pharmaceutical Co.*, 733 F. 2d 858 (Fed. Cir. 1984)；以及 *Fromson v. Western LithoPlate &Supply Co.*, 853 F. 2d 1568 (Fed. Cir. 1988)。

［91］*Plolaroid Corp. v. Eastman-Kodak Co.*, 641 F. Supp. 828 (D. Mass. 1985), 789 F. 2d 1556 (Fed. Cir. 1986), 107 S. Ct. 178 (1986). This account is made on the judicial record, many press accounts, as well as Gerard Sobel, "The court of Appeals for the Federal Circuit: A Fifth Anniversary Look at its Impact on Patent Law and Litigation," *American University Law*

Review, 37 (1992), 1086—1139; and Fred Warshofsky, *The Patent Wars*, New York: John Wiley & Sons Inc., 1994.

[92] *Diamond v. Chakravarty*, 447 U. S. 303, 309 (1980). 作为在位较长的 PTO 主要审查员，P. J. Federico 最初在 1952 年《专利法》修改时使用过这个词。

[93] *Diamond v. Diehr*, 450 U. S. 175 (1981) (引证分别在 191 和 187 页)。

[94] *In re Alappat*, 33 F. 3d 1526 (Fed. Cir. 1994).

[95] *Darcy v. Allin*, 77 Eng. Rep. 1260 (K. B. 1602).

[96] *Hotel Security Checking Co. v. Lorraine Co.*, 160 F. 467 (2d. Cir. 1908). 这个案例是关于饭店记账系统的。

[97] 35 U. S. C. § 101.

[98] 持怀疑态度的人可能会说，自 19 世纪中叶 Arthur Cayley 和 August Möbius 的工作开始，线性代数的原理就已经广为人知。

[99] *State Street Bank and Trust v. Signature Financial Group*, 927 F. Supp. 502, 506 (D. Mass. 1996).

[100] State Street Bank and Trust v. Signature Financial Group, 149 F. 3d 1368, 1375 (Fed. Cir. 1998).

[101] *In re Schrader*, 22 F. 3d 290, 298 (Fed. Cir. 1994) (Newman, J., dissenting).

[102] 例子包括 William T. Ellis and Aaron C. Chatterjee, "'State Street' Sets Seismic Precedent," *National Law Journal*, 21 (September 21, 1998), B13 and B18; Barry D. Rein, "A New World for Money Managers: Circuit Upholds Financial Patent," *New York Law Journal*, 220 (September 21, 1998), S1 and S8。

[103] 这些数据基于 http://www.uspto.gov/web/menu/pbmethod/applicationfiling.htm (上次访问时间：2003 年 12 月 24 日); Wynn Coggins, "Business Methods Still Experiencing Substantial Growth-Report of Fiscal Year 2001 Statistics," *PTO*

Today，2 (November/December 2001)，12—13。

[104] 例如，参看 Martin J. Adelman，“The New World of Patents Created by the Court of Appeals for the Federal Circuit,” *Journal of Law Reform*, 20 (1987)，979—1007；John Barton, “Reforming the Patent System,” Science 287 (2000)，1933—1934；Cecil D. Quillen，Jr.，“Innovation and the United States Patent System Today,” presented October 19，1992，at “Antitrust and Intellectual Property：Practice and Policy Issues for the 1990s”。

[105] *Graham v. John Deere Co.*，383 U. S. 1，17—18 (1966).

[106] *Stratoflex，Inc. v. Aeroquip Corp.*，713 F. 2d 1530，1538 (Fed. Cir. 1983)．关于法院对 CAFC 处理非显而易见性标准进行的处理产生的问题在下文有详细探讨，参看 Robert P. Merges，“Commercial Success and Patent Standards：Economic Perspectives on Innovation,” *California Law Review*，76 (1988)，802—876.

[107] 这些统计数据基于 Glynn S. Lunney，Jr.，“E-Obviousness,” *Michigan Telecommunications and Technology Law Review*，7 (2001)，363—422。

[108] *In re Lee*，277 F. 3d 1338 (Fed. Cir. 2002).

[109] *Ex parte Lee*，No. 1994—1989 (Bd. Pat. App. & Int. Aug. 30，1994；on reconsideration September 29，1999).

[110] *In re Dembiczak*，175 F. 3d 994 (Fed. Cir. 1999).

[111] 例子参看 Paul F. Morgan，“Personal Comments for the Joint FTC and DOJ Public Hearings on Intellectual Property Law,” http：//www. ftc. gov/os/comments/intelpropertycomments/morganpaulfattachment. pdf。（上次访问时间：2003 年 12 月 24 日。）

[112] Kimberly Moore 很慷慨地向我们提供了图 4—4 中的

数据。这些数据最初出现在她 2000 年的论文中（注释［84]），而且基于联邦法院行政办公室的资料。

［113］Gary M. Ropski，"Constitutional and Procedural Aspects of the Use of Juries in Patent Litigation," *Journal of the Patent Office Society*，58（1976），609—646，673—702.

［114］例如，参看 George Newitt and Jon Nelson，"The Patent Lawyer and Trial by Jury," *John Marshall Journal of Practice and Procedure*，1（1967），59—73；Robert L. Harmon，"Seven New Rules of Thumb：How the Federal Circuit Has Changed The Way Patent Lawyers Advise Clients," *George Mason University Law Review*，14（1992），573—597.

［115］特别参看 In re Lockwood，50 F. 3d 966（Fed. Cir. 1995）；*Markman v. Westview Instruments，Inc.*，52 F. 3d 967（Fed. Cir. 1995）。

［116］*Richardson v. Suzuki Motor Co.*，868 F. 2d 1226（Fed. Cir. 1989).

［117］在 CAFC 创建之前，许多巡回法院——特别是第二巡回法院，包括纽约州和部分新英格兰地区——已经对专利持有人应该得到的特别考虑程度加以限制，表现出对专利审查过程质量的怀疑。（例如，参看 *Carter-Wallace，Inc. v. Davis-Edwards Pharmaceutical Corp.*，443 F. 2d 867（2d Cir. 1971）。）*American Hoist and Derrick Co. v. Sowa and Sons，Inc.*，725 F. 2d 1350，1359（Fed. Cir. 1984）描述了 CAFC 对这种实践的态度是对"愤世嫉俗的法官"的嘲笑般的评论。这种观点也强调了"尊重合格政府机构已经做好它的工作的假设"的重要性。

［118］John R. Allison and Mark A. Lemley，"Empirical Evidence on the Validity of Litigated Patents," *ALPLA Quarterly Journal*，26（1998），185—276.

［119］Kimberly A. Moore，"Xenophobia in American Courts," unpublished working paper，George Mason University.

［120］CAFC 在 *Festo Corp. v. Shoketsu Kinzoku Kogyo Kabushiki Co.*，172 F. 3d 1361，187 F. 3d 1381（Fed. Cir. 1999）的裁决中相当大地压缩了该原则的适用性，但是最高法院在 2002 年部分推翻了该判决。但是，一般性意见是专利比它们在此判决之前更加狭窄。例如，参看 Allen R. Jensen，"Festo Schmesto：Will the Federal Circuit Listen to the Supreme Court?，" *Intellectual Property Today*，10（August 2002），6ff。

［121］例如，参看注释［67］和注释［104］中 Adelman、Barton、Dreyfus 和 Quillen 的论文。

［122］此处叙述基于 P. J. Federico，editor，*Outline of the History of the United States Patent Office*，Washington：Patent Office Society，1936；Edward C. Walterscheid，*To Promote the Progress of Useful Arts：American Patent Law and Administration*，1798—1836，Littleton，Col.：F. B. Rothman，1998。

［123］*Thompson v. Haight*，23 Fed. Cas. 1040，1041（C. C. S. D. N. Y. 1826）.

［124］此处叙述基于 Edward C. Walterscheid，"The Winged Gugeon-An Early Patent Controversy，" *Journal of the Patent and Trademark Office Society*，79（1997），533－549；and *Withers v. Thornton*，30 Fed. Cas. 402（C. C. D. C. 1827）。

［125］Democratic Leadership Council，"Briefing：Reforming the Patent System，" http：//www. ndol. org/ndol _ ci. cfm?contentid＝611&kaid＝140&subid＝293（上次访问时间：2003 年 12 月 24 日）。

［126］这些数据的来源是 http：//www. ipo. org（上次访问时间：2003 年 12 月 24 日），根据专利商标局和美国管理与预算局文件整理。2003 年和 2004 年数据来自专利商标局年度预算申请，并且是它们预期的分配金额。

［127］图 5—2 基于美国专利商标局的年度报告，补充数据来自 Bronwyn H. Hall，"Fishing out or Crowding Out：An Analysis of the Recent Decline in U. S. Patenting," unpublished working paper, University of California at Berkeley and the Office of Public Affairs at the PTO。

[128] 美国的数字来自美国专利商标局，*Performance and Accountability Report Fiscal Year* 2001，Washington：U. S. Patent and Trademark Office，2002；和美国商务部，*FY 2001 Corporate Plan for the U. S. Patent and Trademark Office*，Washington：U. S. Patent and Trademark Office，2000。欧洲数字来自欧洲专利局，*Facts and Figures 2002*，Munich：European Patent Office，2002。

[129] 这部分内容基于 Sandy Streeter，*The Congressional Appropriations Process：An Introduction*，Washington：Congressional Research Service，1999；以及与从业人员的会谈。

[130] 至少某种程度上，这反映出专利商标局没有明确说明增加的资金将使专利商标局的运作得到改进。正如众议员 Howard Coble 所说的，"如果该机构能够更好地证明它如何使用可用的资源实现明确定义的目标，那么该机构将被更好地定位以获得更多的拨款"（2002 年 4 月 11 日，http：//www. house. gov/judiciary/coble041102. htm）（上次访问时间：2003 年 12 月 24 日）。

[131] 参见商务部负责知识产权的助理部长、美国专利商标局局长詹姆斯·E·罗甘在美国众议院司法委员会的法院、互联网和知识产权小组委员会举行的有关"2003 年美国专利商标局费用现代化法案"的听证会上提交的声明，2003 年 4 月 3 日。http：//www. house. gov/judiciary/rogan040303. htm（上次访问时间：2003 年 12 月 24 日）。

[132] U. S. Patent and Trademark Office，*21st Century Strategic Plan*，Washington：U. S. Government Printing Office，2002.

[133] Stephen B. Maebius and Harold C. Wegner，"Intellectual Property's 21st Century Trojan Horse：The Rogan Billion

Dollar Patent Tax," unpublished working paper, George Washington University Law School and Foley & Lardner (quote is from the unnumbered executive summary).

[134] 参看美国知识产权法协会执行董事迈克尔·K·柯克在美国众议院司法委员会的法院、互联网和知识产权小组委员会举行的有关"2003年美国专利商标局费用现代化法案"的听证会上提交的声明，2003年4月3日；知识产权所有者协会在美国众议院司法委员会的法院、互联网和知识产权小组委员会举行的有关"2003年美国专利商标局费用现代化法案"的听证会上提交的声明。（两份文件都保存在 http://www.house.gov/judiciary/courts040303.htm（上次访问时间：2003年12月24日）。）

[135] 知识产权所有者协会的声明，同上。

[136] Rogan局长的声明，上述注释[131]。

[137] P. J. Federico, editor, *Outline of the History of the United States Patent Office*, Washington: Patent Office Society, 1936, 93—94.

[138] 此处叙述来自 Kenneth W. Dobyns, *A History of the Early Patent* Offices: The Patent Office Pony, Fredericksburg, Va.: Sergeant Kirkland's Museum and Historical Society, 1997。

[139] U.S. House of Representatives, Committee on Patents, *Report of the Investigation of the United States Patent Office Made by the President's Commission on Economy and Efficiency*, Washington: Government Printing Office, 1912, 107.

[140] 这些问题可参看"Editorial: Salary Reductions of Patent Examiners," *Journal of the Patent Office Society*, 15 (1933), 407—412; "Report of the Executive Committee of the Patent Office Society," *Journal of the Patent Office Society*, 15 (1933), 842—856。

[141] "Debate on a bill to Increase Force and Salaries in the Patent Office," *Journal of the Patent Office Society*, 1 (1919),

588—596.

[142] Vannevar Bush, *Proposals for Improving the Patent System*, Study No. 1, Subcommittee on Patents, Trademarks and Copyrights, Committee on the Judiciary, U. S. Senate, 84th Congress, 2nd Session, Washington: Government Printing Office, 1956, See especially pages 29—30.

[143] 下面两段内容基于以下网站中的相关材料 http://www.uspto.gov/web/offices/ac/ahrpa/ohr/jobs/exam.htm 和 http://www.upsto.gov/go/jars/sgs/html，以及与专利商标局现任雇员和前任雇员的交谈。（两次引用上次访问时间：2003 年 12 月 24 日。）

[144] "Patent Professionals: A Hot Commodity," POPA News, 01 (February 2001), http://www.popa.org/newsletters/feb01.shtmal（上次访问时间：2003 年 12 月 24 日）。

[145] "Prepared Statement of James F. Cottone, President, National Intellectual Property Researchers Association," *Patents: Improving Quality and Curing Defects*, Subcommittee on Courts, the Internet, and Intellectual property, Commitee on the Judiciary, U. S. House of Representatives, 107th Congress, 1st Session, Washington: U. S. Government Printing Office, 2001.

[146] U. S. Patents and Trademark Office, "PTO Business Plan: February 2002," http://www.uspoto.gov/web/menu/fin03presidbudg1.pdf. 虽然 2001 年流动率从 2000 年的 14%下降到 9%（http://www.bizjournals.com/extraedge/washingtonbureau/archive/2001/06/18/bureau2/html（上次访问时间：2003 年 12 月 24 日）），但是这可能更多的是由于经济减速，而不是由于雇员满意度的任何提高。

[147] 这段内容基于 Brenda Sandburg, "Patent Applications Flow Freely," *Legal Times*, 21 (February 22, 1999), 12, 21，以及与专利商标局现任雇员和前任雇员进行的交谈。

[148] David E. Martin, *Patents: Improving Quality and Curing Defects* 中的描述，注释 [145]，65 页。

[149] "Agency Pushes to Cut Actions-Per-Disposal," *POPA News*, 98 (December 1998), http: //www. popa. org/newsletters/dec98. shtml ((上次访问时间：2003 年 12 月 24 日))。

[150] U. S. Department of Commerce, Office of the Inspector General, Office of Audits, *United States Patent and Trademark Office: Patent Quality Controls Are Inadequate*, Report No. PTD－9977－7－0001, Washington: U. S. Department of Commerce, 1997.

[151] U. S. Patent and Trademark Office, *PTO Business Plan*, Washington: U. S. Government Printing Office, 2000, 20.

[152] "Political Group Decries 'Defacto Registration System' at PTO," POPA News, 98 (November 1998), http: //www. popa. org/newsletters/nov98. shtml ((上次访问时间：2003 年 12 月 24 日)。

[153] U. S. Patent and Trademark Office, *PTO Business Plan: February 2002*, http: //www. uspoto. gov/web/menu/fin03presidbudg1. pdf, p. 12 (上次访问时间：2003 年 12 月 24 日)。

[154] 这些评论来自 Gregory Aharonian, "A Few Patent Examiners Complain About Patent Quality," PATNEWS, (January 28, 1999)。

[155] 有关彻底搜索可能使公司出现困难的讨论，参看 Robert O. Bolan and William C. Rocklidge, "Imputing Knowledge to Determine Willful Patent Infringement," *AIPLA Quarterly Journal*, 24 (1996), 157—190。

[156] U. S. Department of Commerce, Advisory Committee on Application of Machines to Patent Office Operations, *Report*, Washington: U. S. Department of Commerce, 1954.

[157] 下面的段落基于 U. S. General Accounting Office,

ADP Acquisitions: Patent Automation Encountering Major Planning and Procurement Problems, Report No. GAO/IMTEC—86—19, Washington: U. S. General Accounting Office, 1986；专利局专家协会主席罗纳德·J·斯特恩（Ronald J. Stern）在1998年3月19日提交给美国众议院司法委员会的法院、互联网和知识产权小组委员会的声明，见 http://www.house.gov/judiciary/41172.htm（上次访问时间：2003年12月24日）。

[158] 尽管卡特做出了改革努力，但这些问题的持续存在对那些深入研究政府机构的人来说，并不令人惊奇。正如詹姆斯·G·威尔森（James Q. Wilson）指出的，政府机构形成了确定的和明确的文化，这样的文化可能非常难以通过任命领导人或立法人员来改变。相关讨论参看 *Bureaucracy*, New York: Basic Books, 1989。

[159] U. S. General Accounting Office, *Patent and Trademark Office: Key Processes for Managing Automated Patent System Development are Weak*, Report No. GAO/AIMD—93—15, Washington: U. S. General Accounting Office, 1993.

[160] 这些叙述基于 Cindy Skrzycki, "System's Trademark: Have a Slow Day," *Washington Post*, (November 19, 1999), E1; "New Automated Tools a Mess for Patent Searches," *POPA News*, 99 (November 1999), http://www.popa.org/newsletters/mov99.shtml（上次访问时间：2003年12月24日）；U. S. Department of Commerce, Office of the Inspector General, Office of Systems Evaluation, *United States Patent and Trademark Office: Search System Problems Being Addressed, but Improvements Needed for Future Systems*, Report No. OSE—12679, Washington: U. S. Department of Commerce, 2001。

[161] 例如，参看 Gregory Aharonian, "Fire PTO Librarian," *PATNEWS*, (June 1, 1999); "PTO Commissioner's On-Line Discussion with PTO Examiners," *PATNEWS*, (March

17，2000)；以及 Gregory Aharonian，"Problems at the PTO Library，" *PATNEWS*，(May 28，1999)。

[162] Cecil D. Quillen，Jr. and Ogden H. Webster，"Continuing Patent Applications and Performance of the U. S. Patent Office，" *Federal Circuit Bar Journal*，11 (August 2001)，1—21；and Cecil Quillen，Ogden Webster，and Richard Eichmann，"Continuing Patent Applications and Performance of the U. S. Patent and Trademark Office—Extended，" *Federal Circuit Bar Journal*，12 (August 2002)，35—55.

[163] 有关 Quillen 方法的评论，参看 George A. Clarke，"U. S. Continuity Law and Its Impact on the Comparative Patenting Rates of the U. S.，Japan，and the European Patent Office，" *Journal of the Patent and Trademark Office Society*，85 (2003)，335—349；U. S. Patent and Trademark Office，"Comments on 'The Effects of Continuing Patent Applications，'" unpublished manuscript，2003。

[164] 作者使用经济合作和发展组织科学、技术和工业部 Dominique Guellec 提供的数据计算了两个增长率。

[165] Gregory Aharonian，"How Totally Technically Incompetent is the Patent Office?，" *PATNEWS*，(April 14，2000).

[166] Yukihiko Takada and Kiyonobu Matsumoto，"Development of Advanced Hitachi Electronic Patent Application System Toward a New Patent Age of Improved Support for the Operation of an Intellectual Property Department，" *Journal of the Patent and Trademark Office Society*，74 (1992)，315—334.

[167] 引自 Robert X. Cringley，"There's No Tomorrow—How One Man is Trying to Take Time Out of Derivative Securities Trading，" http://www.pbs.org/cringely/pulpit/pulpit20010726.html (上次访问时间：2003 年 12 月 24 日)。也可参看 http://www.nextrade.org (上次访问时间：2004 年 4 月 14 日)。

[168] 同上。

[169] Eric W. Pfeiffer, "Setting Patent Traps," *Forbes ASAP*, 169, (June 24, 2002), 65—73. 这段内容也基于 Teresa Riordan, "Stockpiling Technologies that Allow Telephones and Computers to Talk to Each Other," *New York Times*, (October 31, 1994), D2.

[170] 例如，参看 Ariel S. Pakes, "Patents as Options: Some Estimates of the Value of Holding European Patent Stocks," *Econometrica*, 54 (1986), 755—784; 和 Dietmar Harhoff, et al., "Citation Frequency and the Value of Patented Inventions," *Review of Economics and Statistics*, 81 (1999), 511—515。

[171] Patents 5, 380, 237, and 6, 467, 180, respectively.

[172] Amercian Intellectual Property Law Association, *Report of Economic Survery 2001*, Washington: AIPLA, 2001.

[173] 这一段基于 N. Thane Bauz, "U. S. Patent Examination: Recommendation for Change Based Upon a Comparative Study of German Law," *Creighton Law Review*, 27 (1994), 945—984; Allan M. Soobert, "Breaking New Ground in Administrative Revocation of U. S. Patents: A Proposition for Opposition—and Beyond," *Santa Clara Computer and High Technology Law Journal*, 14 (1998), 63—187。

[174] "Patent and Trademark System Reform," *Weekly Compilation of Presendential Documents*, 16 (December 12, 1980), 2803.

[175] Mark D. Janis, "Inter Parties Patent Reexamination," *Fordham Intellectual Property, Media and Entertainment Law Journal*, 10 (2000), 481—499. 引文在 485 页。

[176] 数据来自专利商标局年度报告。汇总不包括专利获得者启动的重新审查，因为提出这一请求的动机与其他人的动机根本不同。

[177] Stuart J. H. Graham, Bronwyn H. Hall, Dietmar Harhoff, and David C. Mowery, "Post-Issue Patent 'Quality Control': A comparative Study of U. S. Patent Re-examinations and European Patent Oppositions," in Wesley Cohen and Steven Merill, editors, *Intellectual Property in the Knowledge-Based Economy*, *Washington*: *National Academies Press*, 2003, 74—119.

[178] 1999年，美国国会认识到了这个问题，允许专利商标局在18个月之后开始公布申请，假定同样的专利申请也已经在国外提交。

[179] Graham, et al., 注释 [177]。

[180] 支持小公司不相称地遭受战略专利行为之苦的声明的证据可在下列分析中看到，Jean O. Lanjouw and Josh Lerner, "Tilting the Table? The Use of Preliminary Injunctions," *Journal of Law and Economics*, 44 (2001), 573—603; and Josh Lerner, "Patenting in the Shadow of Competitors," *Journal of Law and Economics*, 38 (1995), 563—595.

[181] 有关反对这些改革的运动，参看 Teresa Riordan, "A Proposal to Overhaul Patent Law Has One Congressman Hopping Mad About the Changes," *New York Times*, (April 14, 1997), D7。

[182] "The Ominous Attach on American Inventors," *The Phyllis Schlafly Report*, 38, (March 1998). (http: //www.eagleforum.org/psr/1998/mar98/psrmar98.html (上一次访问时间：2003年12月24日)。)

[183] William B. Yeats, "The Second Coming," *Michael Robartes and The Dancer*, *Dublin*: *Cuala Press*, 1921.

[184] Saul Hansell, "Spending It; A Card for Borrowing From Yourself," *New York Times*, (August 27, 1995), C6.

[185] http: //www.eagleforum.org/patent/nobel_letter.html (上次访问时间：2003年12月24日)。

[186] 这种标准被普遍认为是最高法院在其 *Cuno Corp. v. Automatic Devices Corp.*，314 U. S. 84（1941）案件中的裁决强加的。有关这项条款的历史，参看 *Graham*，*et al. v. John Deere Co. of Kansas City*，*et al.*，383 U. S. 1（1966）。

[187] 有关这些论据的经典解释，参看 George Stigler，"The Economic Theory of Regulation，" *Bell Journal of Economics*，2（1971），3—21；and Gary S. Becker，"A Theory of Competition Among Pressure Groups for Political Influence，" *Quarterly Journal of Economics*，98（1983），371—400。

[188] Macedo 在 1988 年彻底研究了其他国家的政策，并且确定菲律宾是使用"发明优先"系统的唯一其他国家。（Charles Macedo，"First-to-File：Is the American Adoption of the International Standard in Patent Law Worth the Price？．" *Columbia Business Law Review*，1988（1988），543—586.）其后，菲律宾已经转变到"申请优先"系统（The Intellectual Property Act of the Philippines，Republic Act No. 8293，Part II：The Law on Patents，chapter III，section 29）。

[189] 相关解释参看 Sean T. Carnathan，"Patent Priority Disputes—A Proposed Re-Definition of 'First-to-Invent，'" *Alabama Law Review*，49（1998），755—815。Rumsey-Fitch 争论的叙述基于 Edward C. Walterscheid，"Priority of Invention：How the U. S. Came to Have a 'First-to-Invent' System，" *AIPLA Quarterly Journal*，23（1995），263—319。

[190] President's Commission on the Patent System "*To Promote the Progress of...Useful Arts" in an Age of Exploding Technology*，Washington：U. S. Government Printing Office，1966，6.

[191] Ian A. Calvert，"An Overview of Interference Practice，" *Journal of the Patent Office Society*，62（May 1980），290—308.

［192］所讨论的案件是 Parks v. Fine，773 F. 2d 1577（Fed. Cir. 1985），法庭在 783 F. 2d 1036（Fed. Cir. 1986）中更改的判决。

［193］Paul F. Morgan，“So You Think You Want to Get Into an Interference? Some Things You Should be Aware of First,” *Journal of the Patent and Trademark Office Society*，74（1992），303—314.

［194］William Kingston，“Is the United States Right About ‘First-to-Invent’?,” *European Intellectual Property Review*，7（1992），223—226.

［195］这些数字稍微有点过时，是基于 1992 年到 1994 年的数据。这些统计数据的上一次出版编辑见 Ian A. Calvert and Michael Sofocleous，“Interference Statistics for Fiscal Years 1992 to 1994,” *Journal of the Patent and Trademark Office Society*，76（1995），417—422。

［196］图 6—2 基于专利商标局年度报告。

［197］Advisory Commission on Patent Law Reform，*A Report to the Secretary of Commerce*，Washington：Government Printing Office，1992.

［198］World Intellectual Property Organization，“Draft Treaty Supplementing the Paris Convention for the Protection of Industrial Property as Far as Patents are Concerned,” United Nations Document PLT/DC/3，Article 21.

［199］John R. Emshwiller，“Patent-Law Proposals Irk Small Inventors,” *Wall Street Journal*，(April 30，1992)，B1.

［200］这些特点的讨论参看 George E. Frost，“The 1967 Patent Law Debate：First-to-Invent vs. First-to-File,” *Duke Law Journal*，1967（1967），923—942。

［201］参看相关轶事，例如 Bernarr R. Pravell，“Why the United States Should Adopt the First-to-File System for Patents," *St. Mary's Law Journal*, 22 (1991), 797—811。

[202] Sabra Chartrand, "Facing High-Tech Issues, New Patents Chief is Reinventing a Staid Agency," *New York Times*, (July 14, 1995), A17.

[203] 有关年表，参看 Robert W. Pritchard, "The Future is Now-The Case for Patent Harmonization," *North Carolina Journal of International Law and Commercial Regulation*, 20 (1995), 291—328。

[204] Kim Taylor, "Patent Harmonization Treaty Negotiations on Hold: The 'First to File' Debate Continues," *Journal of Contemporary Law*, 20 (1994), 521—545 (参看 524 和 525 页的讨论)。

[205] Coe A. Bloomberg, "In Defense of the First-to-Invent Rule," *AIPLA Quarterly Journal*, 21 (1993), 255—263.

[206] 例如，代表性的计算参看 Charles R. B. Macedo, "First-to-File: Is the American Adoption of the International Standard in Patent Law Worth the Price?" *Columbia Business Law Review*, 1988 (1988), 543—586。

[207] 这不是一个新问题。例如，19 世纪 50 年代，专利律师和律师就曾经联合努力，鼓励专利局更多地授予专利。这些论据大部分在 *Scientific American* 杂志中详细阐明，该杂志的出版商也经营着当时世界上最大的专利代理机构。这些努力很成功：在十年中，专利申请的拒绝率下降一半以上。有关讨论，参看 Robert C. Post, " 'Liberalizers' versus 'Scientific Men' in the Antebellum Patent Office," *Technology and Culture*, 17 (1976), 24—54。

[208] Ronald W. Clark, Einstein: *The Life and Times*, London: Hodder and Stoughton, 1973.

[209] Mark Lemley, "Rational Ignorance at the Patent Office," Public Law and Legal Theory Working Paper No. 46,

School of Law, University of California at Berkeley, 2001.

[210] Dan Burk and Mark Lemley, "Is Patent Law Technology Specific?," Public Law and Legal Theory Working Paper No. 106, School of Law, University of California at Berkeley,

[211] 35 U. S. C. § 122 (c); 37 C. F. R. § 1. 291.

[212] 35 U. S. C. § 301.

[213] Samuel Kortum and Josh Lerner, "Stronger Protection or Technological Revolution: What is Behind the Recent Surge in Patenting?," *Carnegie-Rochester Conference Series on Public Policy*, 48 (1998), 247—304 and "Unraveling the Patent Paradox," unpublished working paper, University of Minnesota and Harvard University, 2003.

[214] Graham, et al. , 注释 [177]。

[215] The Advisory Commission on Patent Law Reform, "A Report to the Secretary of Commerce," August 1992.

[216] 禁止使用审查人员先前考虑的证据起源于 CAFC 在 AIPA 之前程序中的一项裁决，在该项裁决中，重新审查甚至可以由专利商标局启动，但不包括第三方（*In re Portola Packaging*, 110 F. 3d 786 (Fed. Cir. 1997)）。国会本可以在 AIPA 中驳回该裁决，但国会选择不驳回。2003 年，经国会通过并且由布什总统签字的一项法律最终推翻了该项裁决。

[217] 与改善重新审查过程有关的这些问题和其他问题在 2001 年 5 月 10 日众议院司法委员会的法院、互联网和知识产权小组委员会举行的名为"专利：改进质量并处理缺陷"的听证会上进行了讨论。

[218] 我们也应该注意到，作为 AIPA 的组成部分，美国国会规定了两个月的期限，在这段期限内，其他人可以在专利申请公布之后提交先有技术。看起来没有人会这样做，因为（a）不是所有的申请都公布，（b）许多相关各方仍然不知道这个规定，（c）人们不希望限制他们在后续诉讼中使用先有技术的能力。

[219] 专利局专家协会主席罗纳德·J·斯特恩在2003年4月3日有关“2003年美国专利商标局费用现代化法案”的听证会上提交给美国众议院司法委员会的法院、互联网和知识产权小组委员会的声明。

[220] 美国知识产权法协会执行董事迈克尔·K·柯克在2003年4月3日有关“2003年美国专利商标局费用现代化法案”的听证会上提交给美国众议院司法委员会的法院、互联网和知识产权小组委员会的声明；知识产权所有者协会在2003年4月3日的有关“2003年美国专利商标局费用现代化法案”的听证会上提交给美国众议院的司法委员会的法院、互联网和知识产权小组委员会的声明。

[221] 35 U.S.C. § 282.

[222] *Markman v. Westview Instruments, Inc.*, 52 F.3d 967 (Fed Cir. 1995).

[223] Dan Burk and Mark Lemley, “Is Patent Law Technology Specific?,” Public Law and Legal Theory Research Paper No. 106, School of Law, University of California at Berkeley.

[224] James Bessen and Robert M. Hunt, “An Empirical Look at Software Patents,” unpublished working paper, Rearch on Innovation and Federal Reserve Bank of Philadelphia, 2003.

[225] 伯克和莱姆利认为，真正的逻辑是，如果允许CAFC裁决被授权的软件专利大致可以做什么以满足授权的要求，这将不可避免导致法庭根据显而易见性理由裁决许多当前由专利商标局授予的软件专利无效。当然，开始时不授予所有这些软件专利将更可取。

[226] James Bessen and Eric Maskin, “Sequential Innovation, Patents, and Imitation,” Working Paper No. 00－01, Department of Economics, Massachusetts Institute of Technology, 2001.

[227] 参看 http://www.gnu.org/philosophy/savingeu-

rope. html 或 http：//www. freepatents. org/（上次访问时间都是 2004 年 1 月 2 日）。

［228］历史上对非常类似于目前有关软件和商业方法的争议的汽车、飞机、半导体和计算机工业中授予专利的争论进行的讨论，请参看 Robert P. Merges and Richard R. Nelson，"On the Complex Economics of Patent Scope," *Columbia Law Review*, 90（1990），839—916。

［229］http：//www. uspto. gov/web/offices/com/sol/actionplan. html（上次访问时间：2004 年 1 月 2 日）。

［230］伯克和莱姆利认为，这种一致性某种程度上是一种错觉，因为 CAFC 在不同的行业对这种一致性规定的解释不同。

［231］该法案（更正式地称作《1984 年药物价格竞争和专利期限恢复法案》）的理由根据是确保每一种新药物都有一个最短周期，在这段时期内，它可以在市场中销售，并且受到专利保护。当该法案要求在一个正式的过程中由专利商标局对这些延期进行审查和批准时，不久就推出了为特殊药物提供的特殊立法。

［232］Charles Babcock，"Patent Fight Tests Drug Firm's Clout：Claritin Maker Goes All Out in Congress" *Washington Post*，(October 30，1999)，Al.

［233］Sheryl Gay Stolberg，"A Capitol Hill Mystery：Who Aided Drug Maker?，" *New York Times*，（November 29，2002)，A35.

索引

* 崔晋静、沈佳、马航、祝东宇、李晓霞、关伟雄、周宏伟、李敏、张伟、龚辉平、郑德一整理了书中文献。

图书在版编目(CIP)数据

创新及其不满/勒纳等著;罗建平等译.
北京:中国人民大学出版社,2007.6
(当代世界学术名著·经济学系列)
ISBN 978-7-300-08161-8

Ⅰ.创…
Ⅱ.①勒…②罗…
Ⅲ.专利—研究—美国
Ⅳ.G306.771.2

中国版本图书馆 CIP 数据核字(2007)第 079890 号

当代世界学术名著·经济学系列
创新及其不满:专利体系对创新与进步的危害及对策
亚当·杰夫
乔希·勒纳 著
罗建平 兰花 译
兰花 校

出版发行	中国人民大学出版社		
社　　址	北京中关村大街 31 号	**邮政编码**	100080
电　　话	010—62511242(总编室)		010—62511398(质管部)
	010—82501766(邮购部)		010—62514148(门市部)
	010—62515195(发行公司)		010—62515275(盗版举报)
网　　址	http://www.crup.com.cn		
	http://www.ttrnet.com(人大教研网)		
经　　销	新华书店		
印　　刷	河北三河市新世纪印务有限公司		
规　　格	155mm×235mm 16 开本	**版　　次**	2007 年 6 月第 1 版
印　　张	15.5 插页 2	**印　　次**	2007 年 6 月第 1 次印刷
字　　数	203 000	**定　　价**	32.00 元
